小学4年

教室内外の様子

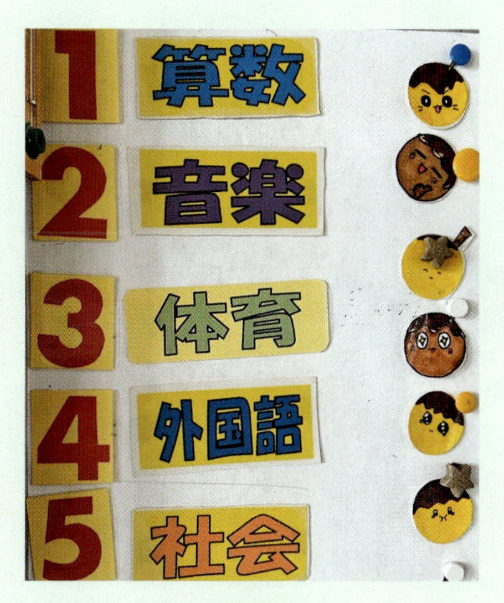

時間割

一日の授業の見通しがもてるように，黒板横にホワイトボードを置いて，教科毎に色を分けて掲示しています。帰る前に，当番の子が，明日の時間割に変更します。

カウントダウンカレンダー

一人一枚，出席番号の数字を書いて作っています。「運動会」「漢字50問テスト」「お楽しみ会」「夏休み」など，行事やテスト，登校期間を意識できます。

お楽しみ会の掲示物は，一度分担して作ると，次からは，「第○回」の数字のみを入れ替えるだけで完成します。プログラムは，各自書いた物を飾るとあっという間に仕上がります。

掲示物の様子

誕生日掲示

誰が，いつお誕生日なのか，誕生月に名前を書いて，パッと見てわかるようにしています。黒板を可愛くしたり，円になって食べたり，ウクレレを弾いてみんなで歌を歌ったりしています。少しドキドキして登校してくる特別な日。人数が多くていろいろはできなくても，「お誕生日おめでとう！」と声を掛けます。

たこ焼き貯金

たこ焼き貯金は，二つの基準でしています。テストで，クラス平均点が95点以上で１個。一日全員５回以上発表したら１個。10個貯まれば，お楽しみ会を開催しています。

学級目標は，文字のみ，全員の手形，似顔絵，などいろいろな掲示の仕方があります。学級会で話し合い，「やってみよう」という学級目標に，オリジナルのお花を咲かせることに。

黒板の様子

新学期黒板

様々な準備で忙しい新学期。黒板にかける時間も少ないため，時間を決めて書いています。
新学期，ドキドキして教室に入ってくる子どもたちが，少しでも「わー」「楽しそう」と思えるように。担任の名前や１学期の登校日数，大事にしたいことなどを穴うめ形式にするのも○。

運動会当日

演技で使う，ポンポンや旗も一緒に飾ったり，スローガンを書道で書いています。一人一人の意気込みを書いた紙を集めておいて，前日に黒板に貼ると時間が無くてもすぐに完成します。

教室アイテム＆グッズ

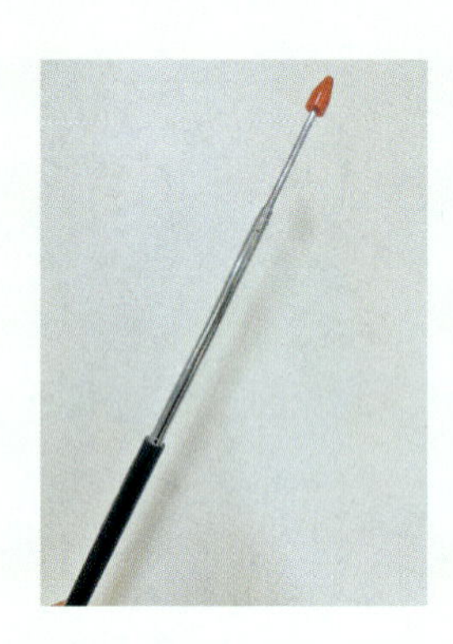

指示棒

算数の授業で，前で説明するときや，外国語の授業で歌を教えるときに，役に立ちます。（コクヨ「指示棒サシ－２黒 115cm」）

特大黒板消し

毎時間使う黒板消し。あっという間に消すことができ，おすすめです。（日本理化学工業「黒板消しダストレスラーフルジャンボ」）

④ ⑤

①50cm定規

磁石付きで，長すぎず使いやすいです。（エコー「定規50cm持ち手つきアクリル教師用学校ボードスケール BS-50CM」）

②一筆箋

保護者に伝えるときに役立ちます。（百円均一）

③チャック付きビニール袋

歯が抜けたときに，ティッシュにくるんで，抜けた時刻を書いて渡すと喜びます。（百円均一）

④お誕生日グッズ

集合写真を撮るときに使います。ウクレレを弾いてみんなで歌います。（百円均一）

⑤おかえりうちわ

遠足や修学旅行のお出迎え時に役立ちます。

中嶋　来未

小学4年の学級づくり&授業づくり12か月の仕事術

垣内幸太 編
チーム・ロケットスタート 著
多賀一郎 協力

明治図書

シリーズ刊行に寄せて～かゆいところに手が届く一冊～

今，学校現場では，教員不足が全国的・慢性的になってきて，先生方に負担が重くのしかかっています。元々時間が足りなかったのに，休職者が出ても代わりの先生は見つからず，現場の先生方の仕事量がどんどん増えていくのです。

小学校の先生方は，一日にいくつもの教科を担当して，日々実践していかねばなりません。どの教科も完璧に準備をして臨むなどということ自体，至難の業です。

さらにここ数年，主体的・対話的で深い学び，個別最適な学びと協働的な学び，インクルーシブ教育，外国語・道徳の教科化など，新しい課題がどんどん増えてきています。タブレットも活用しなければなりません。これらの課題には，従来の教育，授業実践を踏襲することでは通用しないことが多く含まれています。

例えば，文部科学省の調査で，学級担任等が回答した学習面または行動面で著しい困難を示す児童生徒の割合が8.8％にのぼるなど，もはや発達障害などの特別な支援を必要とする子供への手立ては当たり前のことになりました。では，その子たちと共に学級づくりをするには，何が必要なのでしょうか。

全国学力テストが完全CBT（Computer Based Testing）化しようとなるなかで，現場ではタブレットを，いつ，どのように使っていけばよいのでしょうか。どの学年でタブレットをどの程度指導するべきなのかも考えていかねばなりません。

考えだすとキリがないくらいに課題が山積なのです。

このような状況下で，新しい学年を担任したとき，何をどうしたらいいのかと困惑する先生方も多いのではないでしょうか。

その戸惑いに応えるべくつくられたのが本シリーズです。

本シリーズは，学級開きから様々な教科の授業開きにはじまって，一年間を通した具体的な指導の在り方を示しています。

「困ったら，とりあえず，こうすればいい」

ということを中心に，各地の実践家に執筆していただきました。多岐に渡る課題にもていねいに対応できていると自負しています。

多忙な日々を送るなかで，手元に置いておき，必要に応じて活用できるシリーズです。

自信をもってお届けします。ぜひ，スタートにこの一冊を。

多賀 一郎

はじめに

「どの学年の担任になりたいですか？」
「どの学年の担任は避けたいですか？」
小学校では１〜６年生まであります。同じ担任でも学年に応じて，すべきことや対応方法には大きな違いがあります。もちろん学年という縛りのみならず，子どもたちの実態に応じて，その難しさは変化しますが，みなさんはどうお答えになりますか？
私は，管理職になる前は21年間連続で担任として勤めていました。すべての学年を経験させてもらいましたが，正直に言うと４年生がもっとも苦手でした。

- グループをつくりたがる割に，友達関係のトラブルが起こりやすい
- 「できない……」「どうせ自分なんて……」と自己評価の低い子がだんだん出てくる
- 宿題を忘れたり，授業中集中できなかったりと学習意欲の低い子が顕著になる
- 素直に指示や助言が聞けないなど反抗心が芽生え始める

簡単に言うと「むずかしいお年頃」なのです。

しかし，この４年生で充実した日々を過ごした子どもたちは５，６年生で輝きます。４年生の過ごし方一つでその後の雰囲気が大きく変わるのです。自分たちの願いや思いをしっかり出し合いながら，仲間と共に過ごしてきた子どもたちは，さらによりよい方向に集団として伸びていこうとします。「厳しく指導された」「きっちりしつけられた」というのみではこうはなりません。現在，校長として勤めていますが，責務の一つに校内人事があります。４年生の人事をどうするかはいつも大いに頭を悩ませる大きなポイントです。

その重要な学年でもあり，難しい４年生を任されたみなさん。無策で臨んでしまっては苦しい一年になりかねません。緻密な戦略を練り，見通しと自信をもって立ち向かいましょう。その先には，大きく成長した子どもたちの姿と教師として力をつけたあなたが待っています。
本誌では，４年生の豊富な担任経験はもちろん，各分野のスペシャリストが執筆陣として名を連ねています。本書が，みなさんの一年のロケットスタートの一助となれば幸いです。

編者　垣内 幸太

本書活用のポイント

4年生を担任する一年はとっても楽しい！

子どもたちとどんな一年を過ごすことができるのか，月ごとにどんなイベントや仕事があるのか，見通しをもち，わくわくできるように本書を構成しています。

学級づくり・授業づくりの基本をチェックしよう！

指導のポイント＆準備術

➡ 12ページへGO

ゴールイメージをもって12か月を見通そう！

学級づくりのポイント
今月の見通し

➡ 68ページへGO

学級づくりのポイント

4月　5月　6月　7・8月　9月　10月　11月　12月　1月　2月　3月

4月

今月の見通し

子どもや保護者との関係を構築しよう！

若松　俊介

今月の見通し

学校行事
- 始業式…学級開きへの対応
- 入学式…上級生としての見本となるように
- 健康診断…健康診断中の過ごし方を大切に

家庭との連携
- 家庭環境調査書配布…家庭環境や保護者の願い等を知る
- 家庭訪問…その子のよさや保護者の悩みを聴く

学年・学級
- 自己紹介…お互いがつながる場
- 学級目標…子どもたちが目指したいものに
- 学級の仕組み…子どもたちと共につくる

他
- 子どもたち一人一人の状況把握…新しい環境へ適応できているか見取る

新年度（４月）になり，子どもたちとの新たな毎日がスタートします。教師として「○○をしたい」「△△な学級をつくりたい」と，不安や期待で胸を膨らませている方も多いでしょう。様々な不安ときちんと向き合いながら，「実現させたいこと」や「挑戦してみたいこと」に取りくんでいくことを大切にしたいものです。

私たち教師だけでなく，子どもたちも同様に期待や不安を感じています。「新しい学級で周りの子と仲良くできるかな？」「新しいメンバーと気持ちよく過ごせるかな？」と心配している子もいるでしょう。昨年度を楽しく過ごせた子は，その楽しさが続くことを望み，うまくいかなかった子や楽しく過ごせなかった子は，「今年こそは！」と期待を抱いているかもしれません。子どもたち一人一人の思いを受けとめながら，４月を共に過ごしていきましょう。

子どもたちや保護者との関係を構築する

❶子どもたちとの関係を構築する

まずは，学級が子どもたちにとって過ごしやすい環境になるよう心掛けることが大切です。子どもたちが安心して学校生活を送れるようにすることは，子どもたちの学びや成長に大きな影響を与えます。そのためには，まず教師自身が子どもたちとの関係性をしっかりと築こうとすることが大切です。子どもたち一人一人の個性を尊重し，興味や関心に寄り添うことからはじめましょう。

子どもたちとの信頼関係が深まることで，少しずつ教室の雰囲気がよくなります。「この先生には何でも言ってもよさそう」「いろんな話ができるな」と感じられるようになると，子どもたちは自分の意見やアイデアを積極的に発言するようになるでしょう。子どもたちが意欲的になると，「○○をやってみたい」「△△をやってみよう」と学級内に様々なチャレンジが生まれるようになります。

❷保護者との関係を構築する

また，保護者との関係を構築することも意識しましょう。保護者の多くは，「今年はどんな先生かな？」「素敵な先生だったらいいな」「微妙な先生だったらどうしよう」と期待や不安を抱えているに違いありません。保護者にとって，我が子の学校生活は重要です。子どもたちの成長を一緒に支えるためには，保護者との信頼関係が欠かせません。

４月には参観や学級懇談会，家庭訪問（個人懇談）等があり，保護者と出会う機会が多くあります。教育方針や教師としての願いを伝えたり，子どもたちのこれまでの生活や保護者の願いを聞いたりします。オープンで誠実なかかわりを心掛けることで，保護者が安心して子どもたちを任せられるようになります。

また，学級だよりや連絡帳，コミュニケーションツール等を活用して定期的に子どもたちの成長を伝えることで，保護者が安心感を得られるようにすることも重要です。最初にしっかりと関係性を構築することで，保護者と協力しながら子どもたちの成長を支えることができ，子どもたちにとってよりよい環境をつくることができるでしょう。

相手のことを知ろうとする

子どもたちや保護者との関係を構築するうえで，共通して大切なのは「相手を知ろうとする姿勢」です。自分のやりたいことや，考えていることを伝えるだけで終わるのではなく，相手が何を願っているのか，どんな人なのか，どんな子なのかを理解しようと努めることが大切です。関係性は一方通行ではなく，互いの理解を深めることで築かれていきます。

【参考文献】
- 若松俊介著『教師のいらない学級のつくり方』明治図書
- 若松俊介，樋口綾香編著『イラストで見る全活動・全行事の学級経営のすべて 小学校４年』東洋館出版社

今月の見通し

学級づくりのポイント

068

第３章　小学４年の学級づくり＆授業づくり　12か月の仕事術　069

最初が肝心！
一週間をバッチリ乗りきろう！

学級開き

⇒ 34ページへ GO

学級づくりは授業づくり！
子どもの心をつかもう！

授業開き

⇒ 46ページへ GO

学年の要所を押さえ
授業研究にいかそう！

授業づくりのポイント

学習内容例　身につけたい力＋指導スキル

⇒ 170ページへ GO

授業づくりのポイント

国語

学習の要所と指導スキル

布川　碧

学習内容例

月	学習内容例
4月	・既習の物語文を分析しながら読もう（「ももたろう」・「スイミー」など） ・漢字辞典で目指せ漢字博士
5月	・説明文から学んだことを形にしよう （例）映像の撮り方を観察して動画の実況解説をしよう「アップとルーズで伝える」 ・なりきり作文「運動会」～使われる道具になりきろう～
6月	・説明文を要約しよう～段落ごとの要点整理から要約へ～ ・相手意識，目的意識をもって新聞を作ろう
7月	・クラスのおすすめ本紹介フリーペーパーを作ろう ・１年生からの既習漢字でオリジナル漢字検定に挑戦しよう
9月	・詩を味わおう～読む・書く・感じる～ ・社会科コラボ～浄水場やごみ処理場のパンフレットから読み取ろう～
10月	・結末に注目して読もう　（例）物語文「ごんぎつね」 ・イメージマップで広げよう　秋の楽しみ
11月	・リーフレットで工芸品の魅力を伝えよう ・条件付き作文に挑戦しよう（三段落構成・比喩表現を使う　など）
12月	・物語のつながりから推理しよう　（例）物語文「友情のかべ新聞」 ・自分で作ろう！～伏線を生かした物語文作り～
1月	・言葉から連想を広げて～イメージマップを交流しよう～ ・詩集を作ろう～自分の好きなテーマの詩を集めよう～
2月	・自分の心の動きを言葉にしよう～感情の輪を使って～ ・調べてまとめて発表しよう～forms でアンケート～
3月	・物語を読んで感じたことを交流しよう ・お題作文「４年生最初の自分と今の自分」

※光村図書の教科書を使用

170

身につけたい力

これまでの三年間でたくさんの文章に出会ってきた４年生。その文章や作品との出会いをふり返りながら，この一年間で新しく出会う作品を自分で分析し，読んだり表現したりする楽しさを味わえるようになってほしいものです。「小学校学習指導要領（平成29年告示）第１節国語」には「筋道立てて考える力や豊かに感じたり想像したりする力を養い，……自分の思いや考えをまとめることができるようにする。」が４年生の目標として書かれています。

そこで指導のなかで大切にしたいことは，単元の終わりに魅力的な言語活動を設定することです。物語文や説明文を読んで終わるのではなく，そこで学んだ知識や，作者・筆者の技を自分でも使ってみたくなるような言語活動を示すことで，子どもたちの学習意欲は高まります。自分の思いや考えをまとめ，形にすることは学ぶことの喜びや達成感にもつながります。

また，漢字学習や作文指導は学習のルールや流れを決めて一年間継続して行うことで，着実に力がついていきます。いずれも，何となくたくさん書かせるという指導ではなく，子どもが達成感を感じられるような学習の仕組みづくりを心掛けましょう。

〈単元構成の例〉光村図書「未来につなぐ工芸品　工芸品のみりょくを伝えよう」
STEP１　「未来につなぐ工芸品」を読んで伝え方を学ぶ
STEP２　工芸品について調べる（本・インターネット）
STEP３　調べた工芸品についてまとめる
（学んだことを生かして書く）
ゴール　工芸品を紹介するリーフレットを作ろう【言語活動】

ねらいはこれだ！感想文指導

物語文や説明文の学習の前後に，感想文を書かせる活動をすることは多いでしょう。その際，何のために感想を書くのかというねらいを明確にすることが大切です。また，感想を書く際に何を書いたらよいかわからないという子どもの困り感を解決するためにも，感想を書くときの視点を示しましょう。

初発の感想を書く際には，「文章の書き方や表現に関する気づき」と「自分が感じたこと」を分けて書かせることで，子どもの感想をその後の授業に活かしやすくなります。また，単元の最後に感想を書かせる場合は，自分の最初の読みと学習後の読みの違いがわかるように構成を示してから書かせるようにすると，子ども自身が自分の読みの変化に気づくきっかけになります。

次頁上の写真は，光村図書「初雪のふる日」の単元末に子どもが書いた感想文です。はじ

学級づくりのポイント　授業づくりのポイント

第３章　小学４年の学級づくり＆授業づくり　12か月の仕事術　171

Contents

第1章
小学4年の学級づくり＆授業づくり
指導のポイント＆準備術

第2章
成功するロケットスタート！
小学4年の学級開き＆授業開き

学級開き

授業開き

第3章

小学4年の学級づくり＆授業づくり 12か月の仕事術

学級づくりのポイント

4月

Contents

Contents

授業づくりのポイント

第１章

小学４年の学級づくり＆授業づくり
指導のポイント＆準備術

小学４年

ゴールイメージと一年間の見通し

樋口万太郎

４年生の子どもたちのイメージ

中学年と言われる３・４年生は，１年目の先生が受けもつことの多い学年です。

学校によってはクラブ活動がはじまり，これまで以上に高学年の子どもたちと一緒に取り組む機会が増えていきます。

４年生の子どもたちは，

- 高学年の１年目（１・２・３年，４・５・６年と分けたとき）
- ９歳の壁
- ギャングエイジ

などと言われる世代です。

20歳で成人と言われていたころには，２分の１成人式が多くの学校で行われていました。様々な家庭の事情があるため，その実施についての賛否はあるものの，18歳が成人となった現在においても，成人までちょうど折り返しの時期がこの４年生です。

この４年生の時期は

身体も大きく成長し，自己肯定感をもちはじめる時期

と言われています。

しかし，その反面発達の個人差も大きく見られることから，

自己に対する肯定的な意識をもつことができず，劣等感をもちやすくなる時期

とも言われています。

ギャングエイジと言われるこの時期は，

４年生になるとこれまでとは少し違った態度をとり，
親や先生などの大人に反抗的な態度をとったり，
そばにいる仲間からの影響を強く受けたりしながら行動する時期

と言われています。

反抗的な態度というと反抗期というように思った人もいることでしょう。思春期の反抗期もギャングエイジも親や先生といった大人に反抗するというところは一緒です。しかし，ギャン

グエイジと思春期の反抗期は少し異なります。

思春期は子ども本人のストレスや気持ちが要因になることが多いですが，ギャングエイジは友達とのつながりを大事にすることが要因になることが多いです。

４年生になると，放課後に塾に通う子が増えていきます。学校以外の交友関係が広がっていきます。

そういったこともあり，大人よりも仲間の考えを重視し，女の子は比較的同じメンバーの集団で行動しようとする傾向，男の子は遊ぶ友達や，塾などの習い事の友達など様々な集団に属している傾向があります。

この時期にオンラインゲームやLINEグループなどによるトラブルが増えるのも，集団に属するという意識がこれまでの学年以上に増えるからです。他の集団と遊んでいるだけで，「裏切り者」という扱いで仲間外れにされてしまう可能性もでてきます。LINEなどでグループをつくりたがるような傾向もあります。これらは，

関係性が深く濃くなるからこそ，閉鎖的な仲間集団となってトラブルが生じるケース

と言えます。

最近は，集団でオンラインゲームを行うという話もよく聞くようになりました。楽しく遊んでいるものの，ゲームをしているときの言葉遣い，banをして（アカウントを停止させ）相手を追い出したりしたトラブルに保護者は頭を悩まし，学校に相談があることもあるかもしれません。そういったときには，家庭と連携をしながら向き合っていく必要があります。

忘れてはいけないことは，集団に属することができない子どもたちもいるということです。「集団に属することに興味がない」という子もいれば，「集団に属したいけれど，属することができない」という子もいます。特に後者の子は９歳の壁ということもあり，より劣等感をもちやすくなってしまいます。

４年生の子どもたちは，「客観視する力」が身についてくる時期でもあります。そのため，前述のように自分と周囲を客観的に見比べて，劣等感をもったり，自信を失ったりしやすくなるということが起こります。よい方面で客観視する力を使うことができればよいですが，マイナス面で使われることが多いです。

「９歳の壁」「ギャングエイジ」といったことは，子どもの成長のためには欠かせないことです。壁を乗り越えた先に，大きな成長があるのです。そんな高学年の１年生の子どもたちです。子どもたちが壁を乗り越えることができるようにより注意深く見ておき，サポートをする必要があるということを意識しながら，子どもたちと過ごしていきましょう。

現在の子どもたちの傾向

小学校４年生の子どもたちは，α世代と呼ばれている子どもたちです。α世代はＺ世代の次

の世代の子たちです。

- SDGsなどの社会問題に意識があります
- 生まれたときからスマートフォンやタブレットなどが存在しています
- InstagramやTikTokなどのSNSの利用は当たり前です
- 学校でタブレットPCを使用することは当たり前です
- 幼少期に新型コロナウイルスの影響を受けており，マスクをつけていることが当たり前であったり，これまで以上に協働してきた経験が少ない可能性があったりします

α世代の多くの親の世代は，スマホが登場し，mixiやAmebaなどのSNSを体験している方が多く，デジタルに対して抵抗がないミレニアル世代（1980～1995年頃に生まれた世代）です。

この世代は入学したときから，すでに授業でタブレット端末を使用することが当たり前の世代です。３年生の国語でローマ字の学習をしているため，タイピングの練習も行ってきている世代です。そのため，子どもたちがデジタルを使うことにも抵抗があまりないような世代と言われています。

先生よりも子どもたちの方が端末の使い方が詳しいかもしれません。そこに負い目を感じる必要はありません。子どもたちがマイナスな使い方をしているときには，マイナスな雰囲気がでているものです。きっと気づくことができます。

ゴールイメージ

ここまでのことを踏まえて，設定したい４年生のゴールイメージは，

「お互いのことを知り，お互いのことを認め合う」

です。このゴールイメージは抽象的です。そのため，目の前の子どもたちと修了式でお別れをするとき，どんな姿でいてほしいのかを具体的に考えたり，ゴールイメージを共有し，どのように輝きたいかを個人，そして集団で具体的に考えたりしておきます。

ゴールイメージを達成するためには，

デジタルを使い，集団のなかで一人一人を育てていく

ことが求められます。

集団のなかのため，トラブルはよく起きます。トラブルを恐れてはいけません。

“トラブルは成長のもと”

と考え，取り組んでいく必要があります。

デジタルで何かトラブルがあったときに，デジタルの使用を禁止にするということは簡単です。禁止にするという発想ではなく，

デジタルとともに今後どう生きていくのかという視点

で，「自分の言動がどうだったのか」「これからどのようにしていかないといけないのか」といったことを話し合っていくことが求められます。最適解はありません。納得解が求められます。

何より大事なことは，我々のこれまでに当たり前にしてきた指導が通用しないこともあり，子どもたちと新たに試行錯誤しながら取り組む必要があるということです。

 一年間の見通し

スタートダッシュとなる１学期に重点的に取り組みたいことを以下の通りにまとめました。

まず気をつけたいことは，４月に決めることが多いクラブ活動の決め方です。４年生の子どもたちは全員が第１希望になることはないでしょう。第２希望，第３希望になり不満を抱く子もいることでしょう。そのため，しっかりとクラブ活動の決め方を伝えたうえで，決めていきます。クラブ活動の決め方でつまずいてしまうと，この後の学級づくりにも大きな影響を与えてしまいます。

〈４月〉

- 担任の先生のことを知ってもらいましょう
- 子ども同士の関係をつくりましょう
- 学級のルールをつくりましょう
- 授業のルールをつくりましょう
- クラブ活動の決め方には気をつけましょう

〈５月〉

- 初めての授業参観・保護者会では，新学期がはじまってからの子どもの様子を伝えましょう。また，１か月の成果が見えるような授業を公開していきたいものです

〈７月〉

- 保護者との面談で家庭の様子を聞いたり，学校の様子をしっかり伝えたりしましょう

〈８・９月〉

- 夏休み明けには「クラスの仕切り直し！」と気合いを入れすぎないように。子どもの様子を把握するところからスタートです

【参考サイト】
- 文部科学省「子どもの発達段階ごとの特徴と重視すべき課題」
https://www.mext.go.jp/b_menu/shingi/chousa/shotou/053/shiryo/attach/1282789.htm（参照日2024.07.12）
- 公文教育研究会「「ギャングエイジ」とは？始まる時期や男女の違い，親の接し方」
https://harmonies.kumon.ne.jp/parenting-column/kids-sports/3393/（参照日2024.07.12）

教室環境＆

学級文庫

雨の日には外で遊べなくなります。子どもたちが読みたい本をさっと手に取れるように，学年に合わせた学級文庫を用意しておきます。近くに机や椅子があると，読書スペースになります。

窓付近

窓側はできるだけすっきりとします。窓側にベランダがある場合はいざというときに避難経路となる可能性や外から異変に気づける可能性があります。

ロッカー

ランドセルの収納の仕方をていねいに確認して，物がロッカーの外に出ないようにします。

掃除用具

掃除用具は色と番号で整理します。箒の柄にカラーテープを巻き，番号を書きます。掃除場所ごとに色を分けると，掃除場所に箒を忘れてきたときにすぐわかります。子どもたちが自分で整理できるように掃除箱内にきれいに収納された状態の写真を貼っておくのもおすすめです。

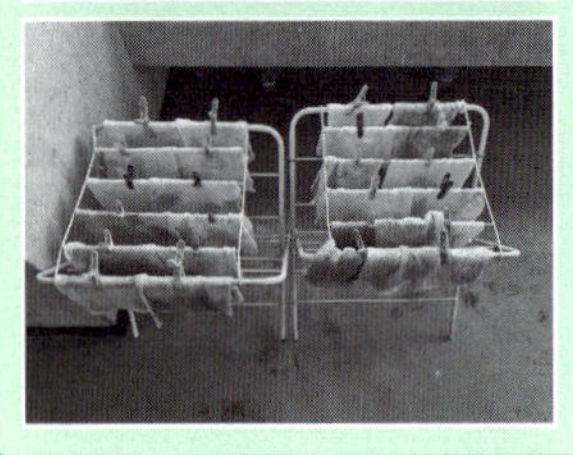

学習に役立つ掲示

授業で学んだことや自学で取り組んでいる内容などを掲示すると，子どもたちの学びが積み上げられたり，友達の学び方を取り入れたりする姿が見られます。

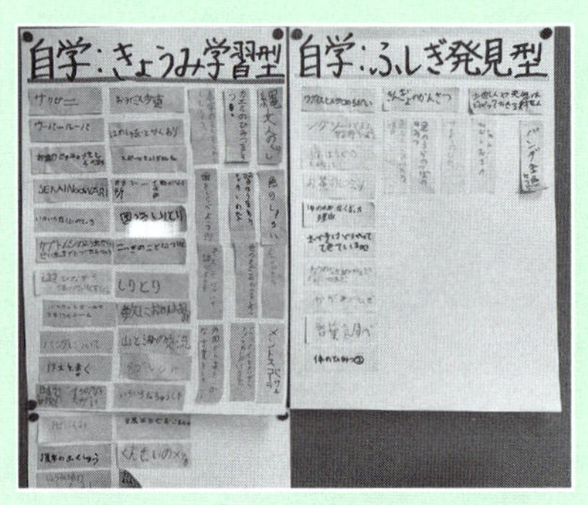

レイアウト

樋口　綾香

机横のフック

机の横には何もかけません。机の横に物をかけると，ぶつかって落ちたり，引っかかってケガをしたりする可能性があります。できればロッカーに収納して，子どもたちの生活スペースをすっきりとできるようにしましょう。

レンタルコーナー

子どもたちが学習に必要なものを忘れたときに，自分で準備できるコーナーがあると，安心して自分で授業準備ができます。鉛筆，消しゴム，定規，ネームペン，下敷き，色鉛筆，クレヨン，コンパスなどが入っています。ノートのコピーや作文用紙などを印刷して置いておくのも便利です。

教師机

常に整理整頓しておきます。机が前にある場合は，子どもたちの視界に入りやすいため，教師机の上は，できるだけ何も置かない状態にします。

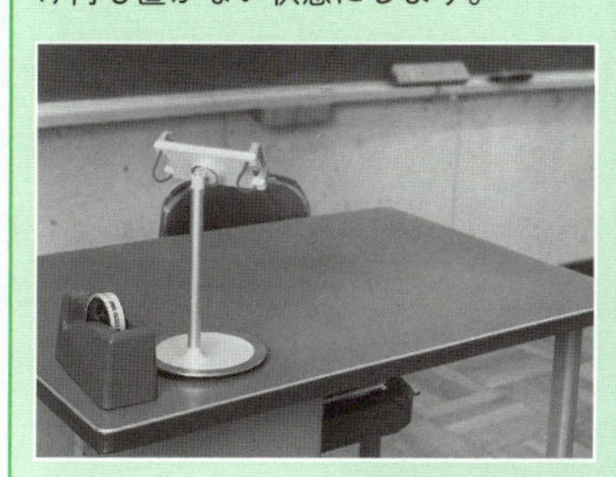

壁面掲示

学級目標や折り紙制作など，子どもたちが協力して制作した物を教室に掲示すると，子どもたちの協力を可視化でき，教室に温かな雰囲気が生まれます。

黒板

黒板はいつも美しく保ちます。黒板が白く汚れている状態では，書いた文字が見えにくく，学習に集中できません。チョークの粉が桟に溜まらないように，ミニ箒などを準備しておくと便利です。

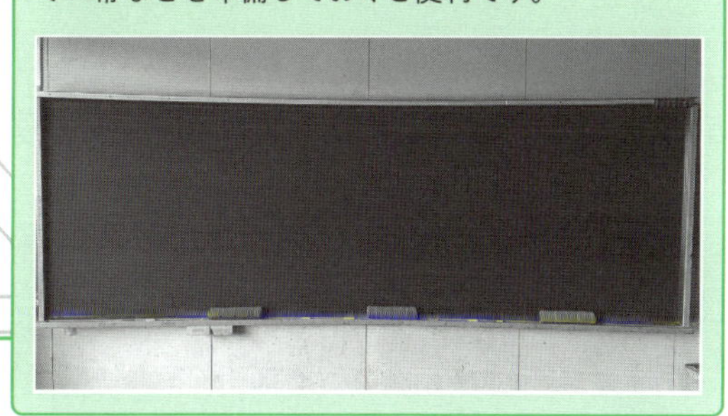

学級のルールづくり

樋口万太郎

 先生を見定める三日間かもしれない

みなさんは黄金の三日間という言葉を聞いたことがありますか。この言葉は向山洋一氏がつくり出した言葉です。向山氏は「教師にとって，最初の三日間ほど大切な日はない。この三日間は，黄金の日々である。この三日間だけは，子どもたちは天使の如く素直であり，教師の言うことを何でも受け入れようとする。この三日間のうちに，クラスの目標を決め，しくみをつくり，ルールをつくることが重要だ」と述べています。

向山氏が述べているようにそんな三日間がある学級もあれば，一週間と三日間以上に続く学級もあることでしょうし，逆に一日もない，数時間しかない学級もあるのが現実ではないでしょうか。これは各学校，各学級の子どもたちの実態によって異なるものだと思います。

子どもたちは新しい学級，担任の先生が変わる新学期に対して，とてもワクワク，ドキドキしていることでしょう。多くの子どもたちは
「今度の先生はどんな先生かな」
「怖い先生なのかな」
「優しい先生なのかな」
「どこまで自分たちのことを許してくれる先生なのかな」
「これまでの先生とどのようなところが違うかな」
という期待と不安を抱えて学校にやってきます。

向山氏が述べている最初の三日間は，先生の指示や話を受け入れようとしたり，先生の話を静かに聞こうとする傾向が強いことは明らかです。それは子どもたちが上記のような期待と不安とともに，担任の先生のことを見定めているからです。だから，指示や話を聞こうとしているのです。このチャンスを逃さずに学級のルールや担任としての思いを子どもたちに伝えていくことが大切です。もちろん，すぐに学級のルールが定着するわけではありません。長期的な視点で見ていく必要がありますが，多くの子が先生によくも悪くも注目しているこの三日間で，学級のルールを宣言することは大きな効果があることでしょう。

また，保護者に向けても，この時期の宣言は有効です。保護者も「今度の新しい先生はどん

な先生かな」「これまでの先生とどのようなところが違うかな」と新しい担任に注目してくれているからです。この時期にしっかりと学級だよりなどで先生の想いや子どもの活動の様子などを伝えていきたいものです。毎年同じような活動の様子でも，そこには先生独自の視点の想いが入っているものです。

 ４年生の目指す学級とは？

４年生の目指す学級のルールづくりは

担任の先生と子どもで合意形成をしていく

ことを求めていきたいものです。前頁のように先生からトップダウンでルールを伝えることがある一方で，子どもが決定していく率を増やしていきたいということです。

まず最初の合意形成をはかる場が学級目標です。「新学期，学級目標をつくることは当たり前」と惰性的に活動をしていませんか。学期の途中に「学級目標ってなんだっけ」となっていませんか。とりあえずつくられ，有効活用されていないのであればつくる意味がありません。

学級目標は立ち戻る学級のキャッチフレーズです。一年間のなかで，何か学級でがんばったことがあったときには「学級目標を達成できたよね？」とふり返ったり，何か学級がうまくいかなかったときには「学級目標に立ち戻ろう」とか「学級目標を達成するためにがんばろう」と励ましに用いたりします。

例えば，「みんな笑顔になれるクラス」という学級目標をみんなで決めたとします。しかしこのままでは，どのようなことをすれば，どのようなことを達成すればこの学級目標を達成したのかがわかりません。この状態では，単なるお飾り状態です。そこで，

「みんな笑顔になれるクラスということを達成するにはどのようなことをすればいいのか？」と子どもたちに問いかけ，子どもたちと考えていきます。

- 人が嫌な思いをするようなことは言わない
- みんなと仲良く遊ぶ

といったような目標をクリアするための規準をしっかりと模造紙などに書いておき，教室に掲示しておきます。ここを子どもたちと合意形成をしていくのです。このようにすることで，何かあるたびにその規準について立ち戻り，考えていくことができます。こうすることで，

学級のルールが他人事ではなく自分事

になっていきます。

【参考サイト】
- 向山洋一教育技術研究所「向山洋一の仕事８―黄金の三日間」
  https://mukoyamayoichi.com/works/work08（参照日2024.07.12）

授業のルールづくり

樋口万太郎

 授業のルール

授業のルールも，学級のルールと同じで

子どもたち一人一人が安心・安全に学習をしていくことができる

ために存在をしています。

まずは，学習の準備，ノートの使い方，タブレット端末の使い方，挨拶の仕方など

学校で統一しているルールがあるかを確認

しましょう。

子どもたちは転校などがない限り，この小学校４年目です。この学校の統一ルールも知っていることでしょう。しかし，守れているとは限りません。守っていないこともあるかもしれません。だからといって，授業のルールを徹底しようとするあまり，できていないときには何度もやり直しをさせたり，いつも厳しく叱ってしまったりしていては，子どもたち一人一人が安心・安全に学習をしていくような環境にはなりません。先生に対して萎縮をしたり，学びに対してマイナスな姿勢になったりしてしまいます。

子どもたちが安心・安全に思えるように，子どもたちが気持ちよく学習規律を守れるように，先生も子どもたちの成長を楽しみながら学習ルールが定着するように，声掛けをしたりしていくことが大切です。

４年生になると，算数科では大きな数，分数，小数といったようにこれまでの具体的な世界の学習から抽象的な世界の学習へとシフトをしていきます。ここでつまずいてしまう子が多いです。つまずいているときには，具体と抽象を行き来しながら指導をしていきましょう。

 タブレット端末について

４年生にもなるとタブレット端末を使用する機会が増えていきます。

「学びのイノベーション事業実証研究報告書」（文部科学省，2014）において，以下のような学習場面に応じたICT活用事例が示されました。

一斉学習……「教員による教材の提示」
個別学習……「①個に応じる学習」「②調査活動」「③思考を深める学習」「④表現・制作」
「⑤家庭学習」
協働学習……「①発表や話合い」「②協働での意見整理」「③協働制作」
「④学校の壁を越えた学習」

これまで以上に個別学習や協働学習で積極的に使用していきましょう。

また，３年生に続き，タイピングの練習も継続することが大切です。タイピングは，練習を重ねると誰でも速くなります。６月は梅雨によって，７月や９月は暑くて外で遊べない日が多くあることでしょう。そんな日には教室でタイピング練習を行うようにします。このように授業以外の場でも練習する場を設けることで，タイピングの経験を積ませていきます。

たくさんの場面で使用していきたい反面，ルールを守ることができない子どもも目立ってきます。タブレット端末を使うルールとして，

- タブレット端末は学習のために使います
- タブレット端末は人を傷つけるためには使いません

といったことをしっかりと黄金の三日間で伝えます。

タブレット端末を適切に使えていないときには，「タブレット端末を学習のために使うことができましたか？」「タブレット端末を，人を傷つけるために使わないことができましたか？」と投げかけ，子どもたちと対話をしていきます。決して，ブレないということです。すぐに，「タブレット端末を使用することを禁止する」とルールにすることはそう難しいことではありません。しかし，子どもたちは納得しないことでしょう。前頁でも書いているように，ここでも「最近，タブレット端末の使い方が悪いのではないか」とクラス全体に投げかけ，みんなで考えていくといった合意形成する場を設けるのもよいことでしょう。

準備物を忘れた場合

４年生では，クラブ活動がはじまるなど準備物が増えます。クラブによっては，自分で用具などを持ってくることがあります。クラブ活動の活動場所はどこなのか，準備物はなにかなどを一覧できる掲示スペースをつくっておくと便利です。さらに，保管場所や約束事項についても確認しておきます。何を持ち帰り，何を学校に置いておくのかということをしっかりと共通理解しておきます。

【参考】

- 文部科学省「学びのイノベーション事業実証研究報告書」
https://www.mext.go.jp/b_menu/shingi/chousa/shougai/030/toushin/1346504.htm（参照日2024.07.12）

苦手さのある子への配慮ポイント

田中　博司

 ４年生の教室にいる子どもたち

子どもたちの得意なこと，苦手なことは様々です。わかりやすく足の速さで考えてみます。４年生とはいえ，高学年と変わらないくらい足が速い子もいれば，低学年と同じくらいの子もいます。こうした差は，当然ながら，運動能力だけでなく，読むこと，書くこと，話すこと，聞くこと，計算すること，考えることなど，あらゆることで生じています。４年生ではあるけれど，低学年のようにまだ漢字の読み書きが十分できなかったり，かけ算九九があやふやだったりする子どもたちがいて当たり前と思って授業をする必要があります。

 苦手さへの配慮をするポイント

みんなと同じようにできないことがあるのが当たり前と思っていても，能力に関係なく同じ年齢の子が集まり，集団生活を送り，一斉に学習をするのが学校です。一人一人のつまずきにまで気づくのは大変なことですし，手も届きにくいです。そんなときに担任として心掛けておきたいことを紹介します。

❶ 子どもの学びやすさ・学びにくさに目を向ける

子どもたちの学びやすさ，学びにくさはそれぞれ違います。例えば，算数で文章問題の式を考えるときに，わかりやすいように数直線を用いることがあります。けれども，数量概念につまずきがある子にとっては，数直線の理解が難しい場合もあります。場面をイラストで考えたり，文章のなかの言葉から式を見出したりする方が助けになることがあります。

同じ方法を繰り返すことで理解を促せることもありますが，つまずいている子がいるときは，一つの方法にこだわりすぎず，別の方法や角度からのアプローチも必要です。

また，子どもたちに学びやすさと学びにくさがあるのと同様に，先生たちにも教えやすさと教えにくさがあります。人はつい自分の教えやすい教え方に偏りやすいです。しかし，その先生の教えやすい方法が子どもたちの学びやすい方法と同じとは限りません。自分の特性を自覚

し，子どもたちにとってわかりやすい方法で教えることを心掛けましょう。

❷「どうしてかな？」というまなざしを向ける

子どもたちの苦手さに気づき，適切な対処につなげるためには，つまずいている子に「どうしてかな？」というまなざしを向けます。できないことの理由を問い詰めるのではなく，つまずきの原因がどこにあるのか，自分自身に問いかけるのです。この「どうしてかな？」をもち続けることが，その子の苦手さに先生が寄り添い，解決策を見い出すことにつながります。

担任が一人で抱えない

こうした苦手さのある子どもとのかかわりで，一番大きな役割を担うのが，担任教師です。担任の先生の見方，捉え方でその子の様子が変わっていきます。とはいえ，一度に約三十人の子どもを受けもつ担任の先生が，一人一人のニーズに合わせてかかわることは，簡単ではありません。そんなとき考えておかなければいけないのが，一人で抱え込まないということです。支援を要する子への対応，つまり特別支援教育は，担任一人でなく多くの人が協力・連携して行うものです。あまり気を張らずに，特別支援教育コーディネーターや学年主任，身近な先輩，管理職，スクールカウンセラーなどに相談しながら取り組むことが望まれます。

「違い」や「ヘルプ」が認められるクラスに

先に述べたように，学校は必ずしも同じではない子どもたちが，同じ年齢というだけで集められて，同じように学習をし，生活をする場です。そんな集団生活の場で，自分と周りを比べ，違いを意識するのが中学年です。更に４年生の後半くらいからは，気持ちは先生よりも友達の方へ向き，何よりも仲間と同じでいられることに気を遣いはじめます。

そんな子どもたちが教室で安心して過ごすためには，日頃から，子どもたちの「違い」や「自分らしさ」を大切にした学級づくりが求められます。また，わからないこと，できないときには助けを求めることを当然の姿とし，自ら「ヘルプの力」を使える子どもたちを育てていきたいものです。

【参考文献】
● 青山新吾著『エピソード語りで見えてくるインクルーシブ教育の視点』学事出版

学級担任として必ず知っておきたいこと

樋口　綾香

安心・安全な学校生活を送る

安心・安全な学校生活を子どもたちが送れるように，担任として必ず知っておきたいことは以下の通りです。

〈担任として必ず知っておきたいこと〉
□アレルギーや服薬，持病など身体的なこと（★★★）
□家庭環境等で配慮すべきこと（★★）
□行動面や学習面で著しい困難がないか（★★）
□得意なこと，苦手なこと（★）
□友達関係に課題があるかどうか（★）

★の数は重要度を表しています。アレルギーなど身体的なことは命にかかわるので最重要項目です。また，子どもたちの安心安全のために，学校生活上不安がありそうな項目において情報を把握しておきます。教師は多くの情報を整理して子どもたちに接しなければいけません。重要事項を意識して行動するとよいでしょう。

＋αの引継ぎの情報で学級崩壊を防ぐ

「学級崩壊」とは，「子どもたちが勝手な行動をする」「教師の指示に従わない」「授業が成立しない」などの状況が一定期間継続する状況のことを言います。昔は教師に対する暴言や暴力のイメージもありましたが，今は「静かな荒れ」と表現されるように，他人に対する無関心や，いじめ，友達や教師に対する鬱屈とした思いをため込んで，学級活動等に参加しないといった行動をとるような静かな学級崩壊も存在します。

中学年になると，スマホやタブレットの所持率が増え，教師の見えないところで子どもたちの関係がつくられていることもあり，荒れが表面化したときには大きな問題になっているということもあります。

学級崩壊を防ぐためには，良好な人間関係づくりや教室環境による刺激を減らすこと，寛容な態度を育てることなどが大切なことは言うまでもありませんが，必要な情報を集めておくことで問題を未然に防ぐことができる場合もあります。前担任との引継ぎにおいて，先述のチェックポイントにプラスして確認しておくべきポイントをお伝えします。

〈＋αの引継ぎポイントチェックリスト〉

□人間関係のトラブルや問題行動の有無

これまでに起きた人間関係のトラブルや問題行動があった場合は，どんな内容だったかを知ることで，同じ状況になることを防いだり，対処法を参考にできたりすることがあります。怒りをためやすい子や集中が続かない子，対人トラブルが多い子などについては，うまくいった対処法，うまくいかなかった対処法を具体的に聞いておき，その子が過ごしやすい環境になるように意識します。また，過去にいじめにかかわった子がいる場合は要注意です。被害児童であっても加害児童であってもしばらく注意深く見守り，同じことが起きないように配慮します。

□支援学級在籍でない子における特別な支援

支援学級に在籍してはいないけれど，支援を必要とする子どもは年々増えています。令和４年に行われた文部科学省の「通常の学級に在籍する特別な教育的支援を必要とする児童生徒に関する調査」によると，「学習面又は行動面で著しい困難を示す」とされた児童生徒は，小中学校では8.8％でした。学習面や行動面についての困難さは，目に見えやすいものばかりではありません。合理的配慮が必要な場合は，学級の子どもたちにも理解を得ながら支援をしていくことが大切です。

□保護者対応

子どもたち一人一人とていねいにかかわることと同じぐらい，保護者との関係も学級経営において重要です。事前に知っておくとよい情報は，「強いクレームがあった保護者の把握」「提出物が滞りがちな保護者の把握」「課題を抱える子どもの保護者のかかわり方」です。これらは，事前に情報を知っておくと，問題が生じたとき，あるいは生じる前に有効な方法を選択できる可能性が高くなります。

＋αの引継ぎポイントを参考にして，学級をスムーズに運営できるようにしましょう。

チェックリストでわかる！

入学式・始業式までに必ずしておくべきこと

樋口　綾香

これで安心！入学式・始業式までのチェックリスト

〈学年単位の仕事〉

- □ 入学式実施案の確認
- □ 始業式実施案の確認
- □ 学年での役割分担（学年会計・行事主担当・学年だより等）
- □ 前学年担当との引継ぎや指導要録などの資料の確認
- □ 補助教材・ノート等の注文
- □ 避難経路の確認
- □ 学年集会の計画
- □ 学年だよりの作成
- □ 春の遠足の行き先決め
- □ 学級で取り組みたい特別の教育活動を学年で共有する
- □ 初日の配付物を確認する

〈学級単位の仕事〉

- □ クラス名簿作成
- □ 当面の予定表作成
- □ 教室環境や子どもが使う物のチェックと準備
- □ 係・当番システムの確認・準備
- □ 座席表の作成
- □ 時間割の作成
- □ 名前磁石の作成
- □ 学級だよりの作成
- □ 自己紹介カードの作成
- □ 授業開きを考える

□ 学級開きをイメージする
□ 初日の出会いをイメージする
□ 初日の黒板掲示

学年単位の仕事のポイント

❶ 入学式・始業式実施案の確認

昨年度の反省を読み返し，当日の実施案と自分の役割を把握します。昨年の同学年の先生と情報交換をして，情報漏れのないように対応しましょう。

❷ 学年での役割分担

学年会計や行事会計，学年だよりなどの文書づくり等，分担しなければならないものをあらかじめ相談しておきます。特に運動会や学習発表会，宿泊行事等の主担当ははじめに決めておくと見通しをもってスムーズに計画できます。

❸ 前学年担当との引継ぎや指導要録などの資料の確認

配慮を要する子やその交友関係，リーダー性，家庭環境，アレルギー等は学年や学校で対応しなければいけないこともあるため，引継ぎ時にかかわる教員同士で細かく確認しておきます。指導要録，健康調査票などの資料の確認やクラス分けはできる時間を見つけて適宜取り組むようにしましょう。

❹ 補助教材・ノート等の注文

ドリル，テスト，ノート，ファイル，資料集などを学年で決めて，早めに注文します。そのとき，決して「昨年通り」とせずに，担当する子どもたちが使いやすいもの，課題や伸ばしたい力を意識して，ていねいに教材を決めるようにします。

❺ 避難経路の確認

地震，火災，津波，不審者など，子どもたちが避難を余儀なくされる状況を想定し，そのときの状況に合わせて適切な避難経路を指示できるように準備しておきます。家庭科室や理科室など，火災が起きる危険性が高い場所の近くに教室がある場合は，複数の避難経路を想定するようにします。

❻ 学年集会の計画

学年集会は，学年の子どもたちと各担任や専科等でかかわる先生と行います。

〈目的〉先生と子どもの顔合わせ，ルールを確認してトラブルや注意を減らす。

〈内容〉

CHECK

- □ 担任，関わる先生からの挨拶
- □ 学年目標の設定
- □ ルールの確認……「休み時間の過ごし方」「遊びのルール」「持ち物のルール」

これらの他に「掲示物」「宿題の出し方やチェック方法」「朝の会や終わりの会にすること」など，細かい部分も学年で話し合っておくようにしましょう。

❼ 学年だよりの作成

学年目標に合うようなタイトルを決めて，内容を話し合い，作成・印刷します。４月号は，子どもたちにかかわる先生の担当や自己紹介などを掲載して，保護者の方に知っておいてもらうようにします。また，行事や授業で使用するものがあれば，事前に知らせておくと保護者は助かります。

❽ 春の遠足の行き先決め

春に遠足に行く場合は，始業式までに場所や日程，移動手段や下見の日を決めます。しおりを作成する人，会計をする人，施設とやりとりをする人などの役割も決めておきます。

❾ 学級で取り組みたい特別の教育活動を学年で共有する

新しいことに挑戦したり，今までやってきたことを継続したりして子どもたちに力をつけようとすることはとてもいいことです。しかし，学年でどんなことをしているか知らない状態だと，何かトラブルが起きたときに，対処しにくくなることがあります。もし担当する学級独自でしたいことがあるなら，事前に学年の先生に伝えておきましょう。

❿ 初日の配付物を確認する

配付物が多い場合は，学年で相談して初日に配付するもの，２日目以降に配付する物を決めておきます。手紙などは枚数を確認しておくとミスが起こりにくくなります。

⓫ 委員会やクラブ活動，児童会活動の進め方の確認

４年生から積極的に学校行事にかかわっていきます。クラスや学年を代表して活動する機会は事前に把握しておき，直前に子どもたちに伝えるのではなく，年度初めに伝えて心構えをしておくと，立候補できる子が増えます。高学年に向けて，自覚を高めていきましょう。

学級単位の仕事のポイント

❶ クラス名簿の作成

クラス名簿はExcelで作成します。学校で決まったものがある場合はその様式に則って作ります。学年のものをまとめて作るほうが効率がいい場合は，積極的に声掛けをしてから作成しましょう。作った名簿は学年の共有フォルダに入れておきます。宿題用，掲示用等いくつかパターンを作っておくと便利です。

❷ 当面の予定表作成

年間行事予定を印刷して確認し，大きな行事の日程を書き出します。入学式や始業式で保護者から行事についての質問があったときなどに，すぐに対応できるようにしておきます。また，1学期を見通して，子どもたちが準備するもの（制作などに必要なものは準備に時間が掛かることがある）がないか確認します。これらを記入した二週間程度の予定表を作成し，学年でも共有しておきましょう。

❸ 教室環境や子どもが使う物のチェックと準備

机，椅子，靴箱，ロッカー等の数を確認し，出席番号や名前のシールを貼ります。机に傷があって使いにくいものはないか，椅子がガタガタしないか，ロッカーがスムーズに開け閉めできるか等，子どもの学習環境が整っているかを確認します。また，壁や床に剥がれや突起物がないか，窓ガラスに割れやひびがないかも確認しましょう。

掃き掃除や拭き掃除を行い，子どもたちが気持ちよく一年をスタートできる環境をつくります。（p.80参照）

❹ 係・当番システムの確認・準備

まずは，３年生のときにどんな係活動をしていたかを子どもたちに聞いてみましょう。すると，「生き物研究係」や「誕生日お祝い係」のような「係活動」と，「体育係」や「配達係」のような「当番活動」が混在している場合があります。

子どもたちの力で学級生活を楽しく豊かにするものが係活動だということを確かめたうえで，子どもたちがやってみたいことを出し合い，話し合う場をもちましょう。（p.74参照）

❺ 座席表の作成

始業式の日，登校してきた子どもたちが困らないように，座席表を作成して黒板に貼っておきます。

❻ 時間割の作成

配付される時間割の標準時数と照らし合わせながら作ります。月曜日は祝日が多いので，週に一時間しかない道徳や学活などは入れないように注意します。教室掲示用と児童配付用を作成・印刷します。

❼ 名前磁石の作成

授業中の発言記録，提出物確認用や，係や当番決めなどで活用します。黒板用と机用の２種類を作成すると便利です。裏表とも名前が書けるネームプレートマグネット（表と裏で色が違うもの）や，100円ショップの丸磁石（子どもが貼ったり剥がしたりしやすい厚みがあるもの）を使うのがおすすめです。

❽ 学級だよりの作成

継続して出さない場合も，一年のはじめや終わり，学期はじめは節目として出すことが多いです。始業式の日に渡す学級だよりは，保護者向けの担任の自己紹介やタイトルに込めた思い，クラスのメンバー紹介，先生が楽しみにしていることなど，前向きな一年のスタートを保護者にアピールするようにしましょう。（p.98，99参照）

❾ 自己紹介カードの作成

４年生にもなると，互いに知っているということが多くなります。そこで，より個性が出る自己紹介カードを作成しましょう。例えば，「好きなこと」をもっと掘り下げてみます。「なぜ好きなのか」「いつ好きになったのか」を書き足すような枠をつくると，自己紹介が盛り上がりますよ。

❿ 授業開きを考える

はじめの授業は，学ぶことを楽しいと思ってもらえる工夫を意識します。また，その教科で身につける力や学び方を子どもたちが具体的に考え，イメージをもてるような授業の流れにします。

〈授業開き前〉

CHECK
- □ 教科書をじっくり読む
- □ 目指す子ども像と理想の授業像を具体化する
- □ 一年間の見通しをもつ
- □ 授業ノート（ファイル）を作る
- □ ４月分の教材研究をする
- □ 子どもたち同士がつながり合う活動を考える
- □「話し方」「聞き方」等の掲示物を作成し，授業に生かす

⓫ 学級開きをイメージする

始業式の日はやるべきことがたくさんあり，子どもたちと会話を楽しんでいる時間はほとんどありません。だからこそ，自己紹介や短時間でできるミニゲームを考えておくようにします。自己紹介では，子どもたちがくすっと笑えるようなポイントを入れるようにします。自己紹介はノートにメモをしたり，プレゼンテーションを作成しておくと安心です。そして，ミニゲームでは難易度を変えて，全員が楽しめるものからちょっと難しくて挑戦し甲斐があるものをすると，４年生の子どもたちは意欲的に取り組みます。先生とするゲームだけではなく，ペアやグループでするゲームにすると，子どもたちが仲良くなる機会になりますよ。

⓬ 初日の黒板メッセージや掲示板

始業式なので，あたたかさや華やかさを意識して黒板や掲示板を装飾します。子どもたちは新しいクラスになって，ドキドキしたり，そわそわしたりと落ち着かない気持ちで過ごしているかもしれません。黒板は子どもたちをやさしく迎え入れる気持ちが伝わるメッセージにします。黒板の横や後ろの掲示板には，折り紙や絵，写真などを飾ると，子どもたちの話題になったり，さっそく折り紙で同じものを折るなどして，子どもたちのコミュニケーションが増えるきっかけにもなります。

【参考文献】
- 『国語教育2024年４月号』明治図書

第2章

成功するロケットスタート！
小学4年の
学級開き＆授業開き

学級開きとは

垣内　幸太

子どもたちの心をつかむ

小学校生活も後半に突入します。３年生のときよりも，より子どもたち同士の関係に意識がいく学年です。友達関係のトラブルも増えてくる時期であるとともに，大人より子ども同士のつながりを重視するため，そのトラブルがすぐに表面化してこないことも特徴です。そのせいで小さな問題だったはずが，大きな問題へと発展してしまうこともあります。教師は，子どもたち同士のつながりを見守ることを大切にしながらも，子どもたちからは

「この先生なら話を聞いてくれそうだな」「自分のことを守ってくれそうだな」

と感じてもらえる存在でありたいものです。

出会いの印象はその後の関係に大きく影響します。学級開きの一週間で，まずは子どもたちの心をつかみ，子どもたちからの信頼を集められるようにしたいものです。その安定した関係をベースに，この先子どもたち同士の関係を築いていきます。

子どもたちには，「この先生，この仲間とならがんばっていけそう」という緩やかな安心感と期待感をもたせられる出会いとしましょう。

〈出会いのポイント〉この先生，この仲間とならがんばれそうという安心感と期待感を！

○視覚で届ける情報

□清潔感のある服装　□笑顔　□教室環境　□黒板メッセージ

○心に届ける情報

□先生の情熱　□やわらかい話し方（ていねいな言葉遣い）

□ポジティブな言動　□褒める　□期待　□ユーモア

□間違った行動への対応・指導

保護者の心をつかむ

子どもたちの向こうには保護者の方々がいます。この保護者の信頼なくして，日々の教育活

動を進めることは非常に困難です。子どもたち同様，出会いの印象は大きなものです。学級だよりなどで今後の予定や方針を伝えるなど積極的な情報発信に努めましょう。また，保護者からの質問への迅速な返答や気になる子どもへの個別の連絡など，しっかりとアンテナを張って過ごすことも心掛けましょう。そのひと手間が保護者の心をぐっとつかむことにつながります。特に，昨年度からの引継ぎ事項がある場合には，「昨年度の〜の件引き継いでおりますので……」と伝えるだけで，「この先生なら大丈夫」と安心してもらうことができます。

保護者も学校生活に慣れて，学校教育に対して目を向けてくれる方ばかりではなくなってきます。待っていてもこちらの思いはなかなか伝わりません。学級開きの一週間。こちらから打って出て，一年間の学級経営にアドバンテージをつくりましょう！

イメージをもたせる

新しいスタートに張り切っている子どもたち。ややもすればそれらが空回りしてしまうこともあります。この一年のイメージをもたせることで，そのやる気と現実の歯車がかみ合うようにしましょう。教師からの一方通行の話ではなく，「この行事ではどんなことが楽しみ？」「どんなクラスだとすてきかな？」など子どもたちとの対話をもちながら，話ができるとよりいいですね。

保護者にも通信などを通じて発信していくことで，見通しをもって子どもたちを支えていただけるようにしましょう。

❶ 一年の見通しについて

- 先生の紹介（自分の人となり，また学級にかかわる他の先生の紹介など）
- 各教科・領域（総合的な学習の時間，漢字の数，算数や社会の学習の特徴など）
- 行事やイベント（運動会，学習発表会，遠足，参観などはいつ頃あるのか。また，どんなことをするのか）

❷ 願い

- 学級への願い（こんなクラスにしたいという先生の願い）
- 学習への願い（学習に取り組むときの態度面や心もち）
- 個への願い（一人一人にがんばってもらいたいこと）

❸ ルール・マナー

- 内容（学校全体や教室などで，どんなルール・マナーがあるか）
- 理由（なぜそんなルール・マナーを設定しているか）

1日目

垣内　幸太

1日目にすること

- 自己紹介（所信表明）
- 出欠確認＆クラスのメンバー紹介
- クラスにかかわる先生の紹介
- 靴箱，ロッカー，トイレやルール，避難経路などの確認
- 配付物（教科書・ノートなど）を漏れなく配る
- 明日につながる締めくくり

学級開き初日，教師はついついあれもこれもとしたいことを描きがちです。しかし，始業式からはじまり，クラス分け，教科書の配付などを行っていると，教室で子どもたちとゆっくり過ごせる時間はわずかです。この日は，多くは望まず，最低限の連絡とよい第一印象を子どもたちにもってもらうことだけに全力を尽くしましょう。

1日目の流れ

❶ 自己紹介

４年生，もう３度目のクラス替えです。先生に対する目も少しずつ肥えてきています。また，教師の判断や話の矛盾や曖昧さなどに敏感です。いわゆる「ひいき」という感覚もするどくなってきます。自己紹介では，あたたかさや親しみやすさを出しつつも，毅然とした雰囲気も示しましょう。子どもたちの心をつかむために，伝えたいことは事前にまとめ，整理して伝えられるように準備しておきましょう（p.73参照）。

自己紹介がよりプラスのイメージとして子どもたちに届くように，次のことに気をつけて話をしましょう。

- 最初が肝心！　聴く雰囲気をつくる
- 話す速さ，抑揚，音程（ファの音が心地よいと言われます）など，安心感を与える話し方を心掛ける

- 内容は明確に！　一文が長くなり過ぎないよう端的に話す
- 視覚でも伝える！　表情や身振り手振り，映像なども活用する
- 過去のエピソードなどを紹介して，ひと笑いは確保する

❷ 確認事項

明日からすぐに必要となることのみに限定して確認を行いましょう。急ぎでないものは翌日以降に回します。

〈1日目確認事項〉

□避難経路（できれば実際に歩いて移動）
□靴箱の位置（事前に番号を貼っておくとスムーズ）
□ロッカーの位置と使い方（置き方を写真などで示せるとなおよい）
□トイレ（学年が主に使ってよいトイレが決まっている場合）
□配付物（教科書，教材，プリントなどを，確実に数を確認しながら配付）
□その他最低限のルール（各校の実態に応じて）
□明日の連絡（明日の予定，持ち物，提出物など）

❸ 明日につながる締めくくり

仲良しの友達と同じクラスになれて喜んでいる子がいる一方，離れ離れになって寂しい思いをしている子もいることでしょう。本格的に子どもたち同士をつないでいくのは明日以降になりますが，初日の最後にもう一押し，子どもたちがいい顔で家に帰れるような話や活動を準備しておきましょう。

４年生は，仲間とのつながりを求める時期です。子どもたちが交流できる次のような活動はどうでしょうか。

- ぴったりじゃんけん（先生が数字を指定します。子どもたちはじゃんけんぽんで０～５を指で示します。みんなの数を合計して指定された数字とぴったりになったらOK）
- 仲間集めゲーム（何種類かのカードをランダムに配り，無言で同じカードの人で集まる）
- 絵しりとり（縦の列で１枚の紙を回し，しりとりになるように絵を描いていく）
- フラフープアップ（それぞれの人差し指でフラフープを支え，動きを合わせて上下に動かす）

いずれも短時間で行います。勝ち負けではなく，仲間と協力する楽しさを味わえるようにします。成功したらみんなでハイタッチ！　一体感が感じられる時間を目指します。先生も一緒に楽しんで，一人で不安だった子も安心できる雰囲気をつくりましょう。

学級開き
授業開き

1日目 2日目 3日目 4日目 5日目

2日目

垣内　幸太

2日目にすること

- 提出物の出し方のルールを確立
- 子どもたちの自己紹介
- 朝の会，終わりの会の進め方の確認
- 並び方の確認
- 一年間の見通しを紹介
- 学年目標の確認（学年集会）

２日目です。学校によっては入学式や離任式などが設定されているかもしれません。教室で過ごせるのは限られた時間です。いくつかの確認をするとともに，一年間の見通しがもてるような一日にしましょう。まだまだ学級に不安を感じている子どももいます。自己紹介などを通じて，互いを知り合う時間も設定してみましょう。

2日目の流れ

❶ 提出物の出し方

向きがバラバラの提出物を見るとため息が出ます。一年間の無用なストレスを軽減するためにも，ここで提出方法のルールをしっかり確認しておきましょう。同時に忘れた場合の対処の仕方も伝えておきます。人数や集めるものによって方法は異なるかもしれませんが，主なポイントを示します。

〈朝来た人から出すべきもの（連絡帳，宿題）〉

- 提出物ごとのカゴを用意しておく
- 向きをそろえて出す（名前が上になるように）
- 名簿にチェックを入れる

〈先生が来てから集めるもの（個人情報を含むもの，番号順に並べたいもの）〉
方法①　出席番号順に提出（最後の番号から集めると一番上が１になる）
方法②　10冊ずつ集める（１～10，11～20，21～30，31～のカゴを分けて提出）
方法③　代表者が集める（１，11，21，31番の人のところに持っていき，並べ直して提出）

❷ 朝の会，帰りの会の進め方

〈朝の会〉
日直からのめあての発表やスピーチ，係からの連絡など，なるべく先生の時間く子どもたちの時間にしましょう。朝の会は「今日も一日がんばろう！」とみんなが思える時間であることを確認します。昨日のよかったことを褒めるのも忘れてはいけません。

〈帰りの会〉
明日につなげるためにも，笑顔で「さようなら」をしたいものです。今日のがんばっていた人を日直から発表する，月ごとに帰りの歌を決めてみんなで歌う，などの活動を入れるのもよいですね。先に帰りの会を済ませて「さようなら」の後，帰る用意をするのも一つの方法です。

〈朝の会の一例〉
①挨拶
②健康観察
③今日のめあて
④係からの連絡
⑤先生からの話

〈帰りの会の一例〉
①めあてのふり返り
②今日の MVP
③みんなからの連絡
④先生からの話
⑤挨拶

❸ 学年集会のもち方（一年間の見通し）

複数のクラスがある学年ならば，学年集会を開きます。このときの並び方は事前に教室で確認しておきます。大人数が集まるときは，素早く静かに並ぶことを１回目の集まりで押さえておくことが大切です。担任に限らず，他学級の先生，専科の先生，支援学級の先生など学年にかかわる先生にも来てもらいます。どの先生も「みんなの先生」であり，相談してよい先生であることを伝えます。担任一人ではなく，多くの先生が自分たちにかかわっていること，見守ってくれていることは子どもたちの安心感につながります。

また，ここで学年目標や一年間の主な行事を紹介します。模造紙やモニターで示したり，端的な言葉で表したりすることで子どもたちの印象に残るように工夫しましょう。

3日目

垣内　幸太

3日目にすること

- 机の中・横，ロッカーに置くもの　置き場所のルールなどを押さえる（p.80参照）
- 掃除・給食の確認（当番，準備など）
- 休み時間の過ごし方の確認
- 宿題の位置付けを確認
- 授業開き①

ここからの三日間は，学級のルールやシステムを確立していきます。一方的に教師の考えを押し付けるのではなく，子どもたちの願いや思いを大切にしながら，納得感の伴ったルール，システムにすることが肝要です。この日から授業や給食，掃除，宿題などがはじまる学校も多いのではないでしょうか。３年生までのクラスによってルールも多少異なります。みんなで合意形成を図りながら，この先のイメージがもてるようにしていきましょう。

3日目の流れ

❶ 掃除・給食の確認（当番，準備など）

〈掃除当番〉

４年生になると，教室のみならず特別教室などいろいろな掃除場所が増えてきます。すべての場所に担任の目が行き届くわけではありません。今後，自分たちで掃除ができるように，各場所の掃除方法を確認しておきましょう。

右のように掃除チェックカードを作って，ふり返りまで自分たちでできるようにすることで，より主体性を伴った掃除の時間にすることができます。

〈チェックカード（例）〉

（　）はん　場所（　　　　　　　）
□時間を守った
□みんなで協力できた
□ごみを残さず回収した
□ごみ捨てをした
□道具を元の位置に片づける

〈給食当番〉

給食開始にあたって以下のことについて確認します。

- 各担当の人数，当番の期間，ローテーションの仕方（当番表の活用）
- 配膳の方法，待ち方
- アレルギー対応
- 机の形，食事のルール，マナー
- 減らす（増やす）際のルール
- 余ったものの分け方
- 片付けの方法（残食の返し方，食器の戻し方，給食室への返却方法）

ここでも，なぜそのルールやマナーを守ることが大切なのかを子どもたちに共通確認しておくことを忘れてはいけません。

❷ 宿題について

させられる「宿題」から自ら進んでする「宿題」へとシフトしていきます。学年のスタートに，「宿題は自分のため」にあるものだということをおさえましょう。今後，宿題を忘れる子も出てくることでしょう。頭ごなしに叱るのではなく，「何のために」を再度確認しながらがんばれるように励ましていきましょう。

時間	（学年＋１）×10分　つまり４年生では50分が目安
方法	漢字ノートや計算ドリルなど途中まででもよいので学校で時間をとってやってみましょう。できる限り自分で答え合わせをして，間違い直しをしてから提出するように指導します。
提出	２日目に確認をした提出物の出し方を再確認するとともに，忘れたときの対応も伝えておきます。毎日提出する方法から→決められた範囲を期日までに提出する方法へとシフトすることで，子どもたち自身が宿題をするペースをコントロールする力やスケジュール管理の力を養うことにもつながります。
内容例	【国語】（毎日）音読，漢字練習，（時々）意味調べ，感想文，発表原稿…… 【算数】（毎日）計算練習，（時々）問題作り，算数プリント，まとめ…… 【理科・社会】（時々）授業のまとめ，調べ学習……

以上のことは，あらかじめ学年で話し合い，そろえておきます。また，自主学習にもしっかり取り組める学年です。主体的に家庭学習に向かえるように，時機を見て取り組んでみましょう。その際，ただノートを配布して「１ページやりましょう」ではなく，やるべき内容を紹介する，メニュー表を作る，過去のよい例を紹介するなどていねいにスタートすることが肝心です。

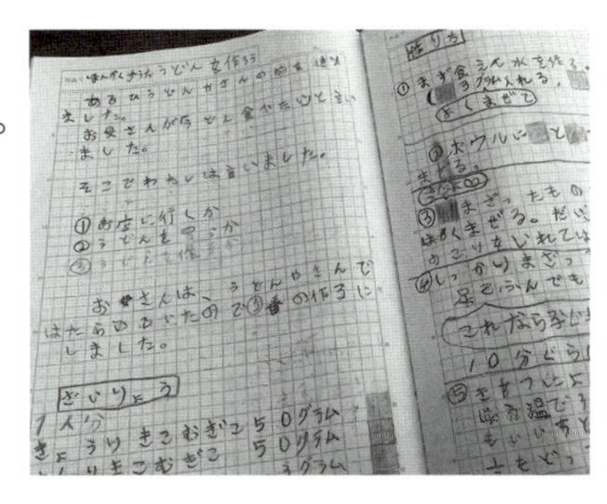

1日目　2日目　3日目　4日目　5日目

垣内　幸太

4日目にすること

- 係活動（話合いのルール）の確認
- 移動教室，着替えの方法
- 忘れ物をしたときの動きの確認
- 写真（個人，学級）撮影
- 授業開き②

少しクラスに慣れてくる頃です。子どもたちと，クラスをよりよくしていくための一日にすることを確認しましょう。移動の際のルール，着替えのルールなど細かいルールも確認していきます。また仲間との話合いの時間も経験します。自分の思いを伝えるのみならず，互いに気持ちよく話合いを進めるにはどうしたらよいか考える機会にしましょう。

子どもの実態交流などに使える個人写真と４月スタートの学級写真もこの日に撮っておきます。一年後に見るとその成長に驚くことでしょう。

4日目の流れ

❶ 係活動

これまでは，当番活動と係活動の違いをはっきりさせずに行ってきたかもしれません。４年生からは違いを明確にすることで，より自主的な活動を促していきましょう。

大切にすることはただ一つ「学級がよりよくなるため」です。何ができるのか子どもたち自身に考えさせていきます。やってみたい人が集まり自主的に活動につながっていくことが理想です。係活動に関しては「〇〇会社」などといった実践も見受けられます（p.75参照）。

また，係活動が活性化するまでは時間も必要です。しっかり時間を確保して，係の内容について経験してきたものなどを出し合ったり，先生の方からも提案したりします。できた係についても，評価の声掛けやフォローを忘れてはいけません。

自主的な活動ですが，はじめは全員がどこかの係に入れるようにします。係ごとに集まって活動内容や役割を話し合う時間もとりましょう。

学年がスタートして初めてのグループでの話合いになります。話合いのルールを押さえておきます。ベースは，みんなが安心して話合いに参加できることです。

また先生は各グループを回って，積極的なフィードバックに努めましょう。

〈話合いのルール（例）〉

- 人に嫌な思いをさせる言い方はしない
- 前向きな意見を伝え合う
- 人の話は最後まで顔を見て聞く
- 全員が話をできるようにする
- 言ってくれた人にリアクションする
- 「絶対に○○」はダメ
- 互いの意見を認め合う

❷ 移動教室・着替え

移動のルールを確認します。４年生ぐらいから移動のルールもおろそかになりがちです。頭ごなしに伝えるのではなく，「なぜそうしないといけないのか」「誰に迷惑をかけることになるのか」など，子どもたちと一緒に考えられるようにしましょう。

- トイレなどを済ませて，授業開始３分前に廊下に並ぶ
- 移動の際は話をしない（特に授業時間に入っている際は静かに！）
- 移動教室まで着いたら，自分の席に行き，授業の準備をする
- 帰りも同様に並んで教室に帰ってきてから休み時間にする

各自で移動するルールの場合は授業開始とともに移動しておき，チャイムと同時に授業が受けられるようにしておくことを確認しておきましょう。

❸ 忘れ物をしたとき

忘れ物は自分の責任です。まずは持ち物の準備・確認は自分で行うことを伝えます。そのうえで，忘れ物をしてしまったときは，後の行動が大事であることをおさえます。そして，忘れ物をした際の動きを示します。

特に，忘れ物をしてしまったときに，その後どうするか考えさせることが大切です。「～までに宿題をします」「明日持ってきます」など，自分の口で言えるようにしましょう。

〈忘れ物をしたとき〉

- 家には取りに帰らない
- 宿題→チェック表に「×」
- 提出物→先生に言う
- 学習用品→先生に借りる
- 忘れ物をどうするか考える

1日目 2日目 3日目 4日目 5日目

5日目

垣内　幸太

5日目にすること

- 学校内のルールの確認　→一日の生活ルールの確認
- 学級目標の話合い
- 席替え
- 授業開き③
- ふり返り

学級開きから約一週間，お互いの顔と名前もわかり合い，グループができてきます。それぞれの個性も出てくるとともに，学級の雰囲気も徐々に形成されていく頃でしょう。この「つながり」をよい方向に向けられるような５日目にしましょう。

また子どもたちの様子をていねいに観察して，みんなが安心して教室に通えているかをチェックするとともに，まだ馴染めていない子には積極的に声を掛けます。場合によっては保護者にも連絡をいれましょう。

5日目の流れ

❶ 一日の生活ルールの確認

学級開きから今日まで多くのことを確認してきましたが，しっかり守れているでしょうか。不都合はないでしょうか。今一度流れを確認するとともに点検しましょう。

- □朝登校～朝の会がはじまるまで ― 挨拶，提出物，宿題，荷物整理……
- □朝の会
- □授業中 ― 挨拶，提出物，宿題，荷物整理……
- □業間休み ― 時間，運動場の使い方，雨の日の過ごし方……
- □給食 ― 当番の方法，待ち方，残し方，お替りの仕方……

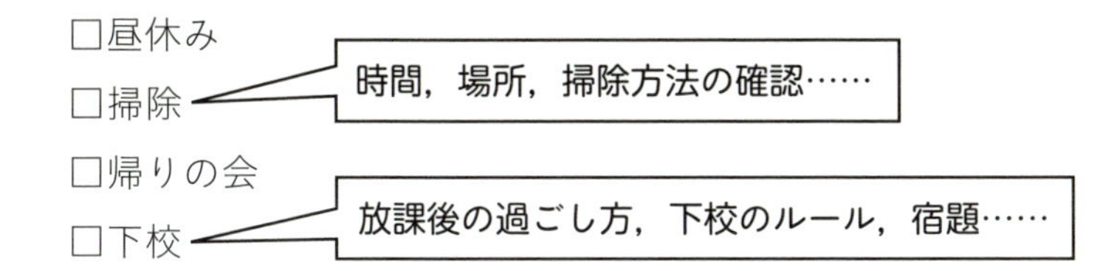

「この場合はどうなるの？」「こっちの方がいいと思うけど……」と子どもたちなりにいろいろな考えや思いも出てきます。すべてをシャットアウトするのではなく，柔軟な姿勢で対応しましょう。一度決めたルールは絶対ではなく，状況に応じて変更することもありえることを伝え，ここまでの日々でうまくいかないことがあれば，思い切って変えていきましょう。まだ学年のスタートです。みんなでどうすればできるようになるかポジティブな意見を出し合える雰囲気をつくることが重要です。

❷ 学級目標の話合い

ややもするとお題目だけの学級目標になりがちです。子どもたちと一緒に考えることで，思いを共有していきましょう。また，決まった学級目標は，ポスターや掲示物にして常に目に入るようにします。

大切なことは，目標にたどり着くには，どんな行動や態度をとるべきか，具体的にイメージできることです。そのイメージを出し合うことはこの日のみならず継続的に続けていきましょう。

〈学級目標の決め方（一例）〉

クラスで大切にキーワードを出し合う
↓
似たような言葉をグループ分けする
↓
それらを組み合わせて学級目標をつくる
↓
具体的な行動や態度を話し合う

❸ 席替え

学年はじめの席替えです。この先何度も行われる席替えです。１回目で，席替えをする際の先生の思いや約束事を確認しておきましょう。

方法としては，「先生が決める」「くじびき」「班長会議」などいろいろな方法がありますが，最初は，様々なことを考慮して教師が決めるのが無難でしょう。

〈席替えについて〉

- みんなが気持ちよく勉強するため
- いろいろな仲間と仲良くなるため
- 平等にいろいろな席に座るため
- いろいろな考え方を知るため

これまで近くだった人には「ありがとう！」，新しい人には「よろしく！」を伝えよう

授業開きとは

垣内　幸太

プラスのイメージがもてる授業開き

4年生になると抽象的な内容の学習が多くなり，学習内容も難しくなります。その分，得手不得手も出やすく，教科によっての好き嫌いも出てきやすい学年です。4年生での各教科に対するマイナスのイメージは，この先の5，6年生にも大きな影響を及ぼしかねません。子どもたちが新しいスタートを切る授業開きは，ターニングポイントの一つです。プラスのイメージをもって次回からの授業に臨めるように，次のことを意識して授業開きに注力しましょう。

❶「ならでは」の楽しさを！

各教科には「ならでは」の楽しさがあります。子どもたちに，その楽しさを感じ取ってもらえる時間にしたいものです。とはいっても，45分間ずっと楽しい時間でなくても大丈夫です。例えば，国語では「論理的な言葉での表現」，体育では「つながり」など，ちょっとした「ならでは」から楽しさが感じられる場面を組み込んでみましょう。

❷ 安心できる授業開き！

10歳の壁とも言われるように，周囲からの目も気になりはじめる時期です。学級開きから「う～ん」と悩んでモヤモヤしたり，自分だけできなくて恥ずかしい思いをしたりするのではなく，みんなが安心感をもって授業に臨めるようにしましょう。そのために，

- 全員「できた」で終わる（全員が参加でき，全員が少しがんばればできる課題に）
- フィードバック場面をもつ（自分のがんばりを先生や友達に認めてもらえる場面を設定）
- 見通しをもたせる（一年間の学習の準備物，雰囲気や流れなどがつかめるように）

といった点に留意して，安心感あふれる授業開きを迎えましょう。

ルール・マナーの確認

学級開きで，学級におけるルールやマナーについてはすでに話をしていることでしょう。授業開きでは，その教科特有のルールやマナーなどを中心に押さえておきます。「〇〇のお作法」などと言われることもあります。ルールやマナーを共有することは，その授業における価値観を共有することにもつながります。つまりは，先生が大切にしたいことを伝えるということです。特に授業のみでしかかかわらない専科の先生にとっては，この1時間目の果たす役割は小さくありません。以下のことを押さえてルール・マナーを確認しましょう。

❶多くは求めず，最低限に！

「1回目にしっかりと約束事を押さえなくては！」と気合を入れても，相手に伝わらなければ意味がありません。多くは求めずに内容を絞って確実に伝えましょう。言葉も端的に伝えられるといいですね。4年生です。細かいルールを長々と伝えるよりも，大きな枠組を伝えてそこから子どもたちが行動を考えていけるようにしましょう。例えば，図工や音楽でいろいろある準備物を一つずつ確認するのではなく「チャイムと同時に授業がはじめられるように」と示せば，あとは何が必要なのかは子どもたちに委ねることも可能です。最初の日の確認事はできれば三つまでにおさめましょう。

❷視覚的なサポート！

いくら最低限かつ端的なルールやマナーを示したとしても，伝わりきらない子やすぐに抜けてしまう子もいます。モニターや掲示物，ノートの表紙裏にプリントを貼るなど，視覚にうったえるものを準備しておくことで補うことができます。

4年3組　授業がんばりルール

★　次のじゅ業のじゅんびをしてから休み時間！

★　チャイムと同時にじゅ業スタート！

★　目と耳と心で話をきこう！

★　発表の時はていねいな言葉づかい！

★　声の大きさを使い分けよう！

★　みんなで楽しく！学び合おう！

❸子どもたちの納得感！

最も大切なのは，子どもたちの「納得感」です。つまり，そのルールやマナーの意図や目的を子どもたち自身が理解するということです。この「納得感」がないと，ルールやマナーは形骸化されがちです。時には反発にもつながりかねません。4年生は，いろいろなことが客観的に捉えられる時期です。一方的な提示，押しつけではなく，子どもたちと共にルールやマナーをつくりあげるアプローチが，私たち教師には求められます。

「誰のためのルールだろうか」「もし守られないと誰が困るかな」など，限られた時間ですがていねいな対話を通してルール・マナーの確認を心掛けましょう。

国語

小学校生活後半戦！今までの成長を実感しよう！

布川　碧

国語授業の安心・安全基本ルール

授業開きでは，学習の基本となるルールを確認しましょう。

❶ アイテム

いつでも美しい字が書けるように，道具を整えることの大切さを伝えましょう。

- 鉛筆（先がとがった，長めの鉛筆が◎。赤青鉛筆も筆箱にあると，すぐに線を引けます）
- 消しゴム（よく消える消しゴムがあるだけで，学習に集中できます）
- 下敷き（裏面がデコボコ……ということにならないよう習慣にすることが大切です）

❷ 発表のルール

発表のルールで大切なのは，話の聞き方です。どれだけ一生懸命発表しても，聞いてくれないと感じると，だんだん発表者は少なくなります。話す人の目を見て聞く・反応をするという話し手が安心できるルールを確認しましょう。静かに聞くだけではなく，「おお！」「なるほど！」といったリアクションも大切にできるといいですね。

❸ ノートのルール

ノートの行が細くなり，書く文字数も増えてくる４年生。せっかくのみんなで学習する時間が，黒板を写すだけで終わってしまうのはもったいないです。そこで，必ず書くこと（めあて・まとめ・ふり返り等）を最初に確認しましょう。自分の考えを書いたり，友達の考えをメモしたりしている子どものノートを紹介し，少しずつ自分の頭の中の思考を整理できるオリジナルノート作りができるよう声を掛けることも大切です。

話す・聞くアクティビティ

発表するときの声の大きさは大切です。恥ずかしさもあって，なかなか大きな声で発表できない子どもも出てくる4年生。授業開きでは，しっかりと声を出し，話す人に耳を傾ける雰囲気をつくるためのアクティビティをしてみましょう。

〈声のものさしゲーム〉　4～5人班

①声のものさしの数字（1～4）が書かれたくじを引く。

②引いた数の声の大きさで，巻頭詩を一文ずつ読む。

③聞いている人は，だれが何番を引いたか予想する。

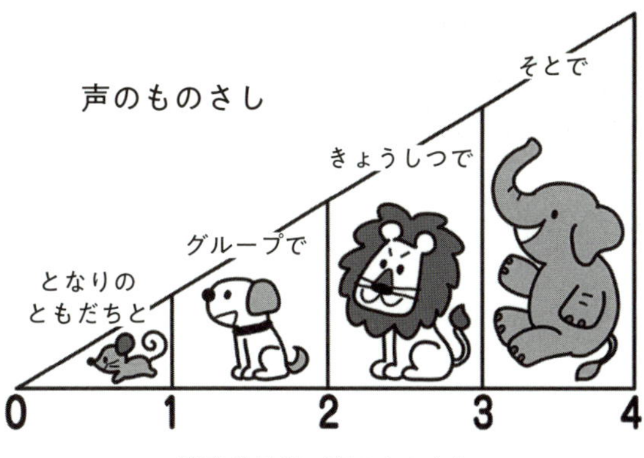

教室掲示用　声のものさし

1や4を引いたら大盛り上がり！　話す側だけでなく，聞く側も耳を澄ませてしっかりと聞こうとします。なかなか大きな声を出すことが難しい子どもへの配慮も必要です。そのときは班の全員で協力し，声のボリュームを調整するよう声を掛けましょう。

なりきり作文

学年が上がるにつれ，書くことに対して苦手意識をもつ子どもが増えます。「何を書いていいかわからない」「書きはじめがわからない」という声もよく聞こえてきます。そこで，授業開きでは，短時間で書くことを楽しめるようなアクティビティを取り入れてみましょう。

まずは思わず書きたくなるようなお題を設定するところからはじめます。15分間と時間を決めて一斉に書きはじめることで，クラス全体に書くことに集中する空気ができあがります。

なりきり作文では，想像力が大切です。「私＝もの」であることを全体で確認し，ものになりきって書きます。指導のポイントは，なりきったものが「何を感じているか（熱い・くすぐったい・痛い等）」を書いている子どもを見つけ，全体で取り上げることです。自分が書いた作文を友達に読んでもらっているときの子どもたちは，生き生きとした表情になっていることでしょう。

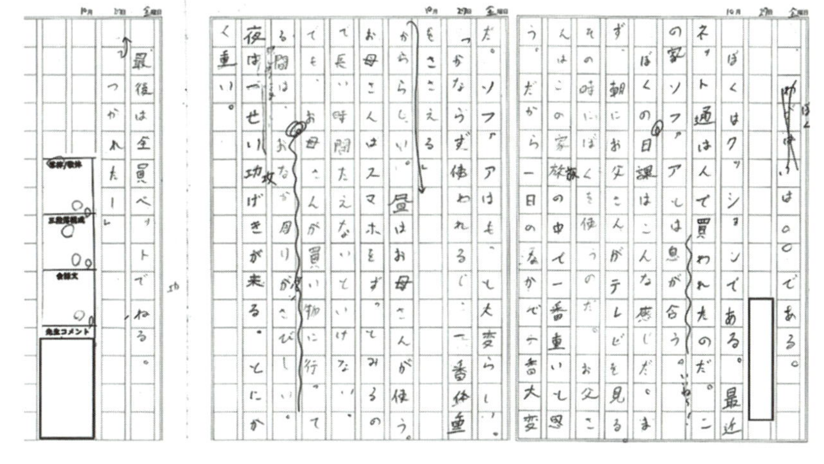
ぼくは○○である。
ぼくはクッションである。最近ネット通はんで買われたのだ。この家のソファアとは息が合う。ぼくの日課はこんな感じだ。まず朝にお父さんがテレビを見る。その時にぼくを使うのだ。お父さんはこの家族の中で一番重いと思う。だから一日のなかで一番大変だ。ソファアも大変らしい。っかならず体われる[illegible]一番体重をささえる。からからしい。昼はお母さんが使う。お母さんはスマホをずっとみるので長い時間たえないといけない。でも，お母さんが買い物に行ってる間は，おなかがさびしい。夜はいっせい攻げきが来る。とにかく重い。

最後は全員ベットでねる。
つかれた！

なりきり作文とチェックシート

社会

日本地図を描こう

井上　伸一

４年生の社会科学習は各都道府県スケールの学びです。まずは47都道府県の位置と名前を調べ，自分の日本地図を完成させます。

日本の略地図をノートに描く

正確な日本地図を描こうとすれば時間がいくらあっても足りません。そこで，四角，丸，三角の形を組み合わせて簡略化した日本地図を描きます。

❶ 地図帳で日本の形を調べる

地図帳を使って日本の形を調べます。大きな四つの島（北海道，本州，四国，九州）があることがわかります。また，沖縄や対馬，択捉島，小笠原諸島など，周りに島々があることがわかります。

❷ 島の形を簡略化する

大まかな日本の島々の形を調べた後，それぞれの島の形が，四角形や三角形，丸など，どの図形に見立てることができるかを考えます。例えば，北海道は四角形で表すことができます。本州などは四角形や三角形を組み合わせて，その輪郭を表すことができます。沖縄などの島は楕円形で表すことができます。正しく正確な地図を描くことが目的ではなく，誰が見ても，日本の形に見えれば十分です。

❸ 日本の略地図を描く

見立てた図形を使って，日本地図を描きます。このとき，定規やコンパスなどを使う必要はありません。この活動の主たる目的は，日本国内の都道府県の位置を大まかにつかみ，さらに自分の住んでいる県の位置を確認することなので，その目的が果たせる程度で十分です。

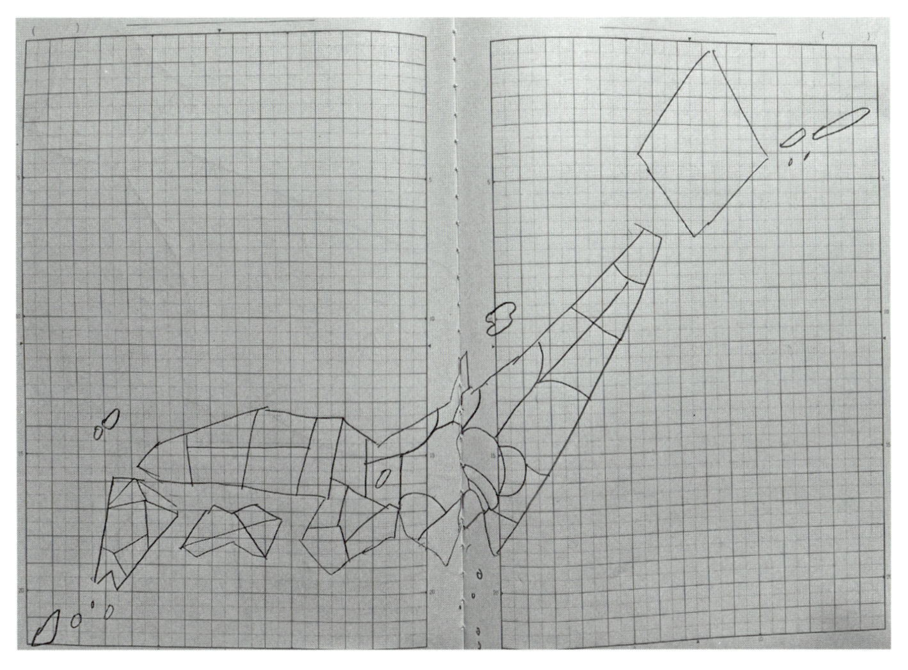

日本の略地図

❹ 都道府県の位置と名前を調べる

地図帳で都道府県の位置と名前を調べます。

❺ 都道府県を日本の略地図に描く

日本の略地図の中に，地図帳で調べた都道府県の位置に県境と名前を書きます。もともと正確な日本地図ではないので，必ず実際の都道府県の縮尺とのずれが生じますが，隣接する県との相対的な位置関係があっていれば十分ですし，県境も正確である必要はありません。大切なのは，47都道府県の位置と名前を調べ，日本の略地図に書き込むという体験的な学習活動です。最後に自分の住んでいる都道府県を色分けします。

学級開き

授業開き

「都道府県名所図会」を作る

地図帳で，各都道府県の文化財や祭り，名物となっている食べ物，特徴的な地形，主要産業，伝統産業などを調べます。そして，完成した日本の略地図にそれを書いて，オリジナルの「都道府県名所図会」を作ります。地図帳を楽しく使えるようにすることが学びのポイントです。また，「都道府県名所図会」を作る過程で，自分たちの県の名物・名所に着目するよう指導すると，４年生の社会科学習の見通しをもつことにつながります。必然的に自分たちの住む県の地理的環境や産業，文化財を調べることになるからです。

授業開き

算数

みんなで考える算数授業開き

小林　秀訓

ポイント

❶ 安心して授業に向かえるように

学力差がみえやすい算数。また，授業開きをする頃は，互いのこともわかり合えていない状況です。算数の授業に不安な気持ちをもっている子どもも少なからずいることでしょう。授業開きでは，子どもたちが安心感をもって，授業に向かえるように全力を注ぎます。クラスの子どもたちの様子や声により耳を傾け，万が一，友達の考えを否定的に捉える子ども，友達の考えを聞かない子どもなどがいた場合には，その都度指導を行います。この一年でみんなが安心して授業に向かえることが一番大切であることを，確認しましょう。

❷ 全員参加の授業開きに

これまではそれほど算数を得意としていなかった子どもも，授業開きということで，「今年こそは，がんばるぞ」と意気込んでいることでしょう。その気持ちを大切に，どの子も同じ土俵で楽しめる教材を用意したいものです。３年生までに習った内容で，答えが幾通りかあり，ゲーム性があるものが適しています。仲間と力を合わせて解決できるような課題もおすすめです。子どもたちVS先生などの場面をつくると子どもたちの一体感も生まれてくることでしょう。

❸ 学級づくりにつながる授業開きに

学年が上がるにつれて，自分の考えに固執したり，他者の考えを聞き入れなくなったりするものです。そのことがもとで学級でのトラブルに発展することもあります。普段の指導のみならず，授業においても，多様な意見が出る問題を提示し，それぞれの考えを聞き合う時間を設け，互いの考えの違いやよさを実感できる時間にしたいものです。

「よりよい答えに向かって知恵を出し合う」算数には，学級づくりにつながる要素がたくさん詰まっています。

数直線の10000のとなりはいくつ？

上図の矢印のメモリはいくつでしょうか。子どもによって，「10001」「10010」「10100」「11000」などと答えが返ってくるでしょう。子どもの実態に応じて，「どれが正しいの」と問い返してもいいかもしれません。どれも正解です。数直線は，二つの数が表示してあって，1メモリがいくつかを求めていきます。上図は一つの数しか表示していないので，もう一つの数を「どこに，何を」置くかによって，正解が決まります。

「これだけじゃわからないよ」という子どもの言葉。

ここからが本当の学びがスタートです。「じゃあ，何がわかればいいのかな」「どこに何があればわかるのかな」と投げかけることで，子どもたちは考えだします。仲間と共に話し合う時間をたっぷり設けましょう。

最初に子どもたちが答えた数が正解になるようにするには，どこにどの数字を書き込めばよいかという課題もおもしろいですね。

にせコインはどれだ？

グループごとに，天秤と９枚のコインを配ります。この９枚のコインには1枚だけ重さが軽いコインが入っています。「にせコイン」と名づけます。天秤を使って，この1枚を探し出すというのが課題です。

子どもたちは，1枚ずつ乗せたり，半分に分けたりといろいろな方法を試しはじめます。まずは存分に楽しんだ後，「できるだけ少ない回数でにせコインを見つけるにはどうすればよいでしょう。運良く見つけるのではなく，確実に見つけられる方法を考えてください」と付け加えます。そこからさらに子どもたちの意欲は高まります。実は，二回で調べることができます。みなさんも考えてみてください。

理科

やっぱり安全が一番！

仲井　勝巳

 ポイント①　安全第一！教室や理科室でも

小学４年生の理科では，理科室を使用して学ぶことが多くなり，アルコールランプなどの火を扱う実験もあります。小学３年生に続き，安全第一がとても重要です。１学期はあまり理科室を使用することは多くありませんが，理科専科の学校では理科室を使用することもありますので，理科室のルールなどもしっかりと押さえておきましょう。例えば，教室や理科室で，①先生の話を聞くこと，②ふざけないことを徹底し，どうすれば安全に実験や観察ができるのかを子どもたちと一緒に考えるのもいいですね。

理科室の椅子は丸椅子が多いことをご存知ですか？　丸椅子だと，すぐに立って危ない状態から離れることができるからです。とはいえ，アルコールランプや実験用コンロなどを使用して，加熱した水をこぼしてしまい火傷する恐れがあります。可能な限り，実験をするときは，丸椅子を実験台の下に入れて行いましょう。また，理科室は，他の学年，クラスも使用しますので，後片付けなどしっかりして，みんなが気持ちよく使えるように心掛けましょう。

 ポイント②　３年生の理科で学んだことを活かして，深める

小学４年生の理科では，小学３年生の理科と同様に学習内容は，実験が多いＡ分野と観察が多いＢ分野があります。内容が多いのと教科書によっては順番が異なるので，計画を立てて行うことが大切です。１学期は，季節の変化を見越してサクラの木などを観察していきます。春から夏にかけて，気温があたたかくなると，観察している木などはどのようになるのかを関連付けて調べていきます。２学期頃から理科室を使用しますので，３年生で使用した実験器具の使い方をふり返ったうえで，授業に取り組むとよいでしょう。例えば，３年生で学んだ豆電球で明かりがつくつなぎ方を思い出して，４年生では直列や並列回路でつなげるとどうなるのか？　簡易電流計を使って，どの方向に電流が流れていくのか？　を調べたりします。実験器具や装置など，使い方をしっかりとマスターすることも重要です。

アイデア①　「温度計を使い，みんなでコミュニケーション！」

小学４年生の理科では，観察カードにまとめるときに，棒温度計を使って気温を測定することがあります。温度を測定することはとても大切な力です。棒温度計は３年生の理科で使用していますが，４年生になった時点で，クラスのみんながしっかりと読み取れるでしょうか。

２学期以降の「水の三態変化」の学習時にも温度計を使用します。授業開きのこのときに，班に一つずつ温度計を用意して，今一度使い方を確認してみましょう。

また，温度計は必ずしも，班全員同じ温度を示しているわけではありません。そのことに気づくことで，実験器具による誤差についても，子どもたちは知ることになります。温度計の赤い液だめを子どもたちに握らせてみます（もちろん握りすぎて割らないように！）。はじめの温度は違っていても，「手で握ったときの温度が上昇することは，どの班でも同じ結果になること」「人によって温度差があること」も知ることで，コミュニケーションをとりながら温度計の使い方を改めてマスターすることができます。

どうしても観察や実験をすると，班で得意な子が率先して行いがちです。基本的な使い方をマスターすることで，どの子もこれから自信をもって実験に向かえるようにしたいものです。

アイデア②　「マッチ１本で！」

いまの多くの子どもたちは，マッチ棒を使ったことがありません。理科室に行って，マッチ棒を使うだけで，45分の授業は成立します。ぬれぞうきん，水を入れた燃えさし入れ，マッチ箱，マッチ棒を用意し，実験台の上で一人一人マッチを擦っていきます。マッチのおしりを持って，実験台の中心あたりに向けて擦ります。そして，燃えているマッチを上に立ててみましょう。けっして横や斜め，下向きにしてはいけません。どうなるでしょうか？　子どもたちに予想させてから，実験してみましょう。安全のため，窓を開けているので，その近くはよく燃えるかもしれません。しかし，時間が経つと，マッチの火は消えるのです。どの班でも，どの子でも同じ結果になります。

また，実験台は，熱に強いので，燃えたマッチ棒を落としても問題ありません。

教師がわざと燃えたマッチ棒を実験台に落として，ぬれぞうきんで消化するという演示をして安全意識を高める指導を取り入れるのもよいですね。マッチ１本で，子どもたちの興味関心を高め，理科の再現性を示すことができます。

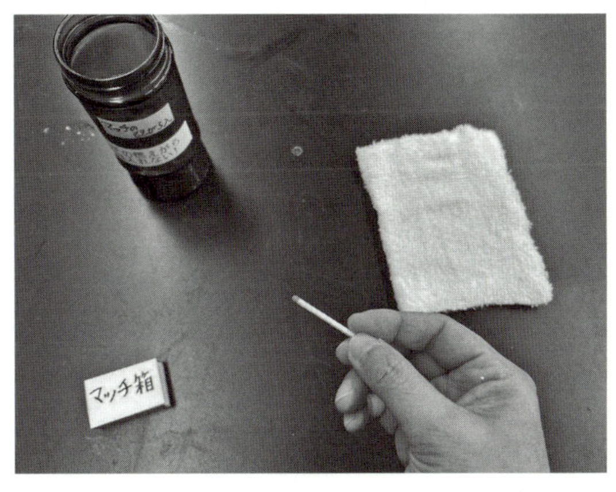

「マッチ１本で！」の実験をするための準備例

音楽

高学年の喜びを感じながら仲間との絆を深めよう

土師　尚美

ポイント（授業開きで押さえておきたいこと）

❶ 音楽室で発見

音楽室には今まで触ったことがない楽器がたくさん置いてあります。この日は，自由に触ることができるようにセッティングしておきましょう。「音楽室で発見したことを後で発表してね」と言って発見タイムをとります。楽器をじっくり眺めるもよし。置いてあるばちで優しく音を鳴らすのもよし。壁に貼ってあるものを見るのもよし。子どもたちはいろんなことに興味津々です。「あの楽器を使ってみんなで演奏してみたい」「音楽会で６年生が使ってた楽器だ」……。これから音楽室でどんなことをするのかワクワクすることでしょう。

❷ 音楽の授業を楽しむために

自分の思いを音楽で表現できる時間であると同時に，周りの目が気になりはじめるこの時期です。以下のことをあらかじめ約束しておきましょう。

- 失敗してしまった子や，音楽を楽しんでいる仲間を笑わない
- 身振り手振りをつけて歌って OK（但し，隣の人にあたらないように）
- がんばっている仲間を全力で応援

既習曲をいくつか歌います。心を開放して歌っている子を賞賛します。もちろん先生もいつもより大袈裟に表情豊かに歌ってみましょう。自分を出す楽しさを十分に味わわせます。

❸ 持ち物確認

音楽室に来るときに必要なものを確認します（例：教科書・リコーダー・ファイル・筆記用具)。これらを音楽バッグに入れて持ってくるように伝えます（あらかじめ学年便りなどで必要なことを保護者に伝えておきましょう）。教室では，音楽バッグに準備物を入れた状態で個人のロッカーに入れておいたり，フックにかけたりしておくことで忘れ物防止にもつながります。また，廊下を歩いているときにリコーダーを落としてしまうこともなくなります。

アイデア① 3年生にリコーダーを教えよう

高学年の仲間入りをした4年生。先輩として3年生に教えてあげる機会をもつことで，リコーダーの復習からスタートしましょう。まず，1か月後，3年生が初めてリコーダーを手にするときにマンツーマンで教えることを伝えます。直接教えることが難しい場合は，2，3人のグループになってムービーを作って贈ってもいいですね。次に何を教えるのかを話し合います。

〈教えることの例〉 ・リコーダーの構え方 ・タンギング ・息の強さ ・指番号

数人でグループになり，3年生役と4年生役になって練習しましょう。「褒めてもらえるとやる気になる」「横で見本を見せるとわかりやすい」など当日に向けていろいろなアイデアが出てくることでしょう。「それいいね！」「わかりやすい！」とどんどん褒めて，やる気をもたせます。そして自信をつけて当日を迎えましょう。

4年生にもなると，リコーダーが苦手だと感じる子も増えてきます。「できないから復習」ではなく，3年生に教えるためにがんばることで，結果として復習になります。みんなが，4年生もがんばろうと思えるスタートにしましょう。

アイデア② みんなで合わせてボディーパーカッション！

全員で終わりをピッタリ合わせ，協力する楽しさを感じましょう。クラスを4～6つのグループに分けます。それぞれのグループで4拍におさまるリズムとそれを体のどこで鳴らすか考えます。メトロノームを鳴らし，グループごとに練習しましょう。グループの一人が黒板に貼ってあるマス目（縦〔グループの数〕×横〔小節数〕）に磁石を貼ります（貼らなくてもOK)。1マスは1小節（4拍）として，自分たちのグループの行に磁石が貼ってあるところはリズムを打ち，貼ってないところは休みです。慣れてきたら全グループで合わせます。最後揃ったときには大きな拍手が起こります！

〈磁石を貼った例〉

	1	2	3	4	5	6	7	8
A		●		●		●		●
B	●			●		●		●
C	●	●	●	●	●	●		●
D	●	●			●			●
E	●		●	●				●

〈ポイント〉
- 今どこの小節をしているか示すとわかりやすい
- 慣れてきたら，メトロノームの速度を変えたり強弱をつけてもおもしろい
- 最後2小節は「休み→全員リズム」にすると盛り上がる

図画工作

ネクストステージへ！

松井　典夫

ポイント

❶ 高学年への意識

4年生は，発達的には高学年として捉えることができます。これまでの図画工作の授業では，奔放に表現してきましたが，4年生からは内面を見つめながら表現する意識が大切です。

❷ 自他の安全意識の醸成

これまでは，用具を扱うなかで自身の怪我に気をつけることを伝えてきました。4年生からはさらにダイナミックな表現方法が増えてきます。自他の安全に気をつける意識が必要です。

❸ 鑑賞活動の充実へ

4年生になると，自他の表現に関心をもち，それを生かしたり模倣したりしながら，自身の思いやイメージを表現しようとします。そこで，鑑賞活動を取り入れることが大切です。

ネクストステージへ

学習指導要領の図画工作科では，学年の括りが2学年ごと（1・2年，3・4年，5・6年）となっています。しかし，3年生と4年生の発達的な違いが大きいことは，現職の先生方なら実感できるでしょう。その実感を，授業開きに生かしましょう。4年生は，高学年へのネクストステージのステップなのです。

では，そのステージの違いとはどこにあるのでしょう。それは，「自我の芽生え」に伴う表現への欲求でしょう。子どもたちは，高学年に向かうなかで「自己表現」の欲求が芽生え，「自分らしさ」を追求しはじめます。図画工作科の教科としての特性として，自由な表現が可能であり，「自分らしさ」を求めることができるところにあると言えます。そして，その表現を支えるのが技能と鑑賞の融合なのです。

作品を見る「目」をつくろう

４年生からの表現活動のなかでは，鑑賞活動が重要になってきます。鑑賞活動といっても，国内外の名画を鑑賞するということではありません。例えば，作品を作る過程で，友達と見合ったり，説明したり，意見を述べ合うような活動です。そこから，自身の表現へと結びつけ，深めていくのです。この活動は，「させる」のではなく，子どもたちがその「よさ」に気づくことが大切です。また，鑑賞の方法を知り，自主的に活動に取り入れることができるようになると，よりよいでしょう。そのために，授業開きでは鑑賞の第一歩を取り入れてみましょう。

そこで，作品の画像，作品のタイトル，使った用具と使い方，工夫した点をまとめたポートフォリオファイルを活用しましょう。これまでに作成した作品の画像や工夫が記されています。このファイルを交換し，意見を述べ合うのです。人の作品を評価することに対する抵抗を取り払い，鑑賞の「目」と「意識」をつくることがねらいです。

「マネ」してみよう

鑑賞の目と意識をつくる活動をしたら，次に「マネ（模倣)」をする活動を取り入れましょう。「マネ」というと，それはまるでよくないことのように聞こえますが，何事も「マネ」からはじまります。模倣は憧れから生じるものであり，マネをしようとして成長するのです。

そこで，ポートフォリオファイルのなかから「マネをする作品」を一つ選びます。人気投票になって重ならないように，抽選でもいいでしょう。当たった作品をじっくりと観察し，いいところを探します。いいところを見つける活動は，学級経営にもいい影響を及ぼすでしょう。そして，その作品を模倣する活動をします。わからなかったり迷ったりしたときは，作者に聞きにいくと，そのなかで互いに学び合う活動が生まれるでしょう。模倣した作品は，決して原作のようにはなりません。完成した作品を原作者の友達と鑑賞し，相互評価をします。その活動のなかで，新たな表現方法や活用の方法が見つかったはずです。そのことを，鑑賞活動のなかで実感させ，「鑑賞活動はいいものだ」と意識することがとても大切なのです。

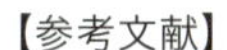

【参考文献】

- 文部科学省「小学校学習指導要領（平成29年告示） 第７節　図画工作」

体育

みんなで一緒！

西岡　毅

 ポイント（授業開きで押さえておきたいこと）

❶ 安全意識の徹底

体育の授業での基本的なルールや安全に運動するための注意点を確認します。運動場や体育館での具体的な行動例を示し，事故防止の意識を高めます。ただし，一方的なルールの押し付けではいけません。ルールを守ることが，より多くの運動する時間をもたらしたり，危険を回避できたりと子どもたち自身にとってもよいことであることを確認しましょう。

できれば，言葉のみならず，文字や映像で伝えることができると子どもたちの心にも残りやすいでしょう。

❷ 運動の楽しさを伝える

遊び感覚で楽しめる運動を多く取り入れ，運動の楽しさを実感させます。例えば，音楽に合わせたリズム運動や楽しいゲーム形式の運動を行うことで，子どもたちは運動に対してポジティブな感情を育むことができます。体育の授業開きで，運動への興味や意欲が高まり，これから積極的な参加が促されます。

❸ 協力とリーダシップの育成

チーム活動を通じて，協力する力を発揮する機会を設けます。グループで活動したり，チームで競い合ったりすることで，仲間と共に活動する楽しさや喜びを感じられるような運動を準備しましょう。一年間，互いに協力し合い，みんなで目標を達成していく心構えをもてるようにします。

❹ 指導の効率化

迅速な整列と集合は，教師が指導を効率的に行うためにも重要です。教具の準備や子どもたちの動線などを工夫して，学習効果をより高める準備が必要です。

言うこと一緒，やること一緒

授業開きにぴったりな運動を一つ紹介します。教師の合図に合わせて，前後左右にみんなでジャンプします。動きがずれるとぶつかってしまうので，チームで動きと気持ちを合わせることが求められます。徐々にバージョンをあげていくと盛り上がります。

〈バージョンⅠ〉「言うこと一緒，やること一緒」

①教師が「言うこと一緒，やること一緒」と言ってから，教師が「前」と言います。
②教師が「前」と言ったあとに，子どもが「前」と言いながら前へジャンプします。
③次に教師が「後」と言うと，子どもが「後」と言いながら後へジャンプします。
④その後，教師が「前」「後」「右」「左」など，それぞれジャンプする方向を指示します。
⑤子どもは教師の合図に合わせて，間違えずにジャンプして楽しみます。

〈バージョンⅡ〉「言うこと一緒，やること一緒」

- バージョンⅠと同じ動きをしますが，今回は前の人の肩を持って行います。はじめは二人一組で行い，少しずつ人数を増やします。学級全員が１列になって行うことができれば，楽しさが倍増します。

〈バージョンⅢ〉「言うこと反対，やること反対」

- バージョンⅠに少し変化を加えます。教師が「言うこと反対，やること反対」と言いますので，子どもは教師が言った方向と反対の方向を言って，反対の方向に動きます。

〈バージョンⅣ〉「言うこと反対，やること一緒」

- 教師が「言うこと反対，やること一緒」と言いますので，子どもは教師が言った方向と反対の方向を言って，教師が言った方向と同じ動きをします。

〈バージョンⅤ〉「言うこと一緒，やること反対」

- 教師が「言うこと一緒，やること反対」と言いますので，子どもは教師が言った方向と同じ方向を言って，反対の動きをします。言う方向と反対の動きをするため，言動が一致せず，簡単にはできません。簡単な動きであるため，頭では動きが分かっていても体が思うように動かず，自分の体に向き合うことができます。

「言うこと一緒，やること一緒」

体育館や運動場など，どこでもできます。子どもが横１列または，縦１列にまっすぐ並びます。横や縦の人とぶつからないように間隔を取って行いましょう。みんなと一緒に行うため，間違った動きをするとすぐにわかります。

特別の教科　道徳

道徳と国語の違いとは？

椊井　大輔

ポイント

❶ 国語の授業との違いを体感させる

小学校も折り返しに入った４年生は，それまでの学校生活のなかで様々な疑問をもっています。

その一つが，道徳と国語の授業の違いです。文章を読んで，登場人物の気持ちを考えるというような流れだと，確かに子どもにとっては国語との違いがわかりません。ですから，授業開きでは，「道徳と国語は違うんだ！」と体感できるような授業開きを計画します。

❷ 脱「一面的・一方的」

「一面的・一方的」の反対語は何でしょうか？　答えは道徳科の目標に登場する「多面的・多角的」です。雰囲気が重くなる道徳の授業とは，教師の意図する答えを子どもたちが探りながら進む授業，すなわち「一面的・一方的」な授業です。道徳的な問題場面について，様々な立場から考えたり，自分が取りうる行為を様々な角度から考えたりすることが大事になります。

❸ 自分の経験と関連付けさせる

国語では文章に書かれていることをもとに考えますが，道徳では自分の経験をもとに考えます。「〇ページにこう書いてあるから」という発言が出はじめると，その授業は一気に国語の授業のようになります。ですから，授業開きではあえて読み物教材を使わずに自主教材で行います。

女神さまが嘘をついた木こりに与えたものは？

４年生の子どもなら誰でも知っている「正直なきこりの話」を教材に授業開きを行います。

まず，「道徳と国語の違いは何ですか」と発問をします。これまでの子どもたちの道徳の授業の経験を聞いたうえで，「みんながよく知っている『正直な木こりの話』で国語の授業と道徳の授業を行います」と授業スタートさせます。話は，ICT 機器を使って内容を簡単に確認します。以下が授業の概略です。

〈授業の概略〉

❶国語の授業の観点で物語を読み取る

- 登場人物は？：正直な木こり，嘘をついた木こり，女神様
- このお話が伝えたかったことは？：人は正直が大事。嘘をついてはいけない。など

❷道徳の授業の観点で物語を読み取る

- 女神様が嘘をついた木こりに与えたものは？

→わからないので，正直な木こりのその後の生活と，嘘をついた木こりがもしも金の斧をもらっていたらどうなるかを考える

○正直な木こり：何も生活は変わらない→自分は木こりということを自覚
=だから，鉄の斧が金・銀の斧より大事

○嘘をついた木こり：金の斧をお金に換えて贅沢三昧
しかし，やがては一文無しに→自分の強み＝木こりに気づいていない

↓

女神様はうそをついた木こりに，自分にとって本当に大切なものについて考えるための「時間」を与えた

❸自分にとっての鉄の斧＝自分の強みや目指すものは何だろう？

❹国語と道徳の違いについて話し合う

ゴールはあるが，道は決まっていない

上記の②の学習活動を教師の概略通りに進めようとすると「一面的・一方的」な授業となります。この授業は内容項目と関連していませんが，道徳の授業は「ねらい」というゴールに向かって授業を行います。ただし，そのゴールに向かうまでの道のりは，子どもたちの「多面的・多角的」な考え方で進んでいきますから，様々な道があるはずです。その道をつくってくれるのが子どもの発言です。多面的・多角的な子どもの発言を教師が評価することで，子どもたちの発言が広がります。

ゴールを見据えながら，子どもの意見がどうやって紡いでいくのかが，授業を行うことの難しさであり，楽しさとなります。

外国語活動

Let's enjoy teaching English ☆

中嶋　来未

授業は，教師がまず笑顔で楽しみましょう

４年生になって初めての外国語授業開き。教師も子どももドキドキしていると思います。難しくなるのかな，と不安に思っている子もいるでしょう。子どもが「楽しかった！」「次の外国語も楽しみだな」と思えるような授業にするためには，教室を歩き回っていろいろな子とやり取りをする時間をつくったり，“Very good !” “Nice challenge !” とたくさんプラスの声掛けをしたりして，**「間違えても OK，言ってみることが大切」**という雰囲気をつくっていくことが大切です。そして何より，教師自身が笑顔で明るく授業をすることが「外国語を楽しく学ぶ」雰囲気をつくっていくことにつながります。

楽しく活動！どんどん褒めよう

❶ 英語で教師の自己紹介！写真があると GOOD

名前と好きな物を三つ話した後，“Do you like Takoyaki ?” “Do you like sports ?” 等と子どもにも聞くと盛り上がります。“Wow. Same !” “You too ?!” 等とリアクションをします。

❷ 挨拶 BINGO

①教室全体を歩き回って，自己紹介をします。
“Hello ! I'm～. I like～.”（1. 挨拶，2. 名前，3. 好きな物１つ）
②お互いに挨拶をしたら，カードを交換してサインをします。
サインは，下の名前と好きな物を日本語で書きます（くるみ，テニス等)。教師は，見回りながらやり取りのよい所を見つけます。
③ BINGO になったら座ります。
④元気にできていた子二人を指名し，前でやってもらいます。
“Big voice ! Perfect !” 等と褒めて，ワークシートを集めます。

❸ "Who am I ?" ゲーム （私は誰でしょう？）

集めたワークシートからランダムでクイズを出します。２問目以降は，子どもが "I like〜. Who am I ?" と問題を読みます。ヒントは二つまでとし，"hint please."／"boy" "team 1 （Ｉ班）" 等と出して予想します。間違えたときは "nice try !" と明るく言います。

☆ "I like soccer. Who am I? "
○ "Kouta san"
☆ "Kouta san, Do you like soccer? Yes, I do or No, I don't"
❀ "Yes, I do. "
☆ "Wow ! Good job!"
☆教師／○❀児童

わくわく！名刺交換

①３分程度で，「顔」「名前」「好きな物」を書きます。好きな物は，日本語でも OK！

②友達と挨拶をして名刺を交換します。
教師と子どもで見本を見せてから行います。
☆ "Hello !"　／　○ "Hello !"
☆ "I'm〜. I like〜. Nice to meet you ! "
○ "I'm〜. I like〜. Nice to meet you too ! "

③２回目以降は，名刺をもらった子になりきって続けます。三人と交換をしたら座ります。上手にできていた二人に見本をしてもらい，"Very good ! Nice smile !" 等と褒め，ポイントを確認してから再開します。
自分の名刺は誰が持っているのかドキドキ！

〈ポイント〉
①大きな声で笑顔で話し，"Hello !" は，手を振りながら言います。
②隣の子とするのではなく，できるだけ教室を歩き回って，いろいろな子とやり取りができるようにします。

名刺交換〜答え合わせ編〜

①教師が下の名前を名簿順に呼んでいきます。

②自分の名前ではなく，今持っている名刺の子の名前が呼ばれたら "Yes !" と大きく返事をします。自分の名前が呼ばれたら，誰が返事をするのかドキドキの瞬間です。巡り巡って，本人が返事をする可能性もあります。そのときはとても盛り上がります。

初めての授業では，教師が話すだけでなく，子どもたち同士の自己紹介の時間を取ります。

学級開き
授業開き

第3章

小学４年の学級づくり＆授業づくり
12か月の仕事術

4月

今月の見通し

子どもや保護者との関係を構築しよう！

若松　俊介

今月の見通し

学校行事
- 始業式…学級開きへの対応
- 入学式…上級生としての見本となるように
- 健康診断…健康診断中の過ごし方を大切に

学年・学級
- 自己紹介…お互いがつながる場
- 学級目標…子どもたちが目指したいものに
- 学級の仕組み…子どもたちと共につくる

家庭との連携
- 家庭環境調査書配布…家庭環境や保護者の願い等を知る
- 家庭訪問…その子のよさや保護者の悩みを聴く

他
- 子どもたち一人一人の状況把握…新しい環境へ適応できているか見取る

新年度（4月）になり，子どもたちとの新たな毎日がスタートします。教師として「○○をしたい」「△△な学級をつくりたい」と，不安や期待で胸を膨らませている方も多いでしょう。様々な不安ときちんと向き合いながら，「実現させたいこと」や「挑戦してみたいこと」に取りくんでいくことを大切にしたいものです。

私たち教師だけでなく，子どもたちも同様に期待や不安を感じています。「新しい学級で周りの子と仲良くできるかな？」「新しいメンバーと気持ちよく過ごせるかな？」と心配している子もいるでしょう。昨年度を楽しく過ごせた子は，その楽しさが続くことを望み，うまくいかなかった子や楽しく過ごせなかった子は，「今年こそは！」と期待を抱いているかもしれません。子どもたち一人一人の思いを受けとめながら，4月を共に過ごしていきましょう。

子どもたちや保護者との関係を構築する

❶ 子どもたちとの関係を構築する

まずは，学級が子どもたちにとって過ごしやすい環境になるよう心掛けることが大切です。子どもたちが安心して学校生活を送れるようにすることは，子どもたちの学びや成長に大きな影響を与えます。そのためには，まず教師自身が子どもたちとの関係性をしっかりと築こうとすることが大切です。子どもたち一人一人の個性を尊重し，興味や関心に寄り添うことからはじめましょう。

子どもたちとの信頼関係が深まることで，少しずつ教室の雰囲気がよくなります。「この先生には何でも言ってもよさそう」「いろんな話ができるな」と感じられるようになると，子どもたちは自分の意見やアイデアを積極的に発言するようになるでしょう。子どもたちが意欲的になると，「○○をやってみたい」「△△をやってみよう」と学級内に様々なチャレンジが生まれるようになります。

❷ 保護者との関係を構築する

また，保護者との関係を構築することも意識しましょう。保護者の多くは，「今年はどんな先生かな？」「素敵な先生だったらいいな」「微妙な先生だったらどうしよう」と期待や不安を抱えているに違いありません。保護者にとって，我が子の学校生活は重要です。子どもたちの成長を一緒に支えるためには，保護者との信頼関係が欠かせません。

４月には参観や学級懇談会，家庭訪問（個人懇談）等があり，保護者と出会う機会が多くあります。教育方針や教師としての願いを伝えたり，子どもたちのこれまでの生活や保護者の願いを聞いたりします。オープンで誠実なかかわりを心掛けることで，保護者が安心して子どもたちを任せられるようになります。

また，学級だよりや連絡帳，コミュニケーションツール等を活用して定期的に子どもたちの成長を伝えることで，保護者が安心感を得られるようにすることも重要です。最初にしっかりと関係性を構築することで，保護者と協力しながら子どもたちの成長を支えることができ，子どもたちにとってよりよい環境をつくることができるでしょう。

相手のことを知ろうとする

子どもたちや保護者との関係を構築するうえで，共通して大切なのは「相手を知ろうとする姿勢」です。自分のやりたいことや，考えていることを伝えるだけで終わるのではなく，相手が何を願っているのか，どんな人なのか，どんな子なのかを理解しようと努めることが大切です。関係性は一方通行ではなく，互いの理解を深めることで築かれていきます。

【参考文献】

- 若松俊介著『教師のいらない学級のつくり方』明治図書
- 若松俊介，樋口綾香編著『イラストで見る全活動・全行事の学級経営のすべて 小学校４年』東洋館出版社

4月 最初の出会い「始業式」

日野　英之

「始業式」は一年のなかで最も“ざわつく”行事

始業式。

子ども「○○さんと同じクラスになれるかなぁ」「新しい担任の先生は怖くないかなぁ」

保護者「仲のよい○○さんと同じクラスになれたかしら？」「どんな先生なんだろう？」

教師　「やんちゃな子どもはいないかな？」「学級経営，上手にできるかな？」

それぞれの場所，それぞれの立場で胸騒ぎが止まらない行事が４月始業式。

一年のなかで最も“ざわつく”行事「始業式」では，どのようなことに注意し，どのような心構えで臨めばよいのでしょうか。

三つの顔をもつ学級担任

まずはじめに始業式では，担任の先生は「担任となる前」「担任発表時」「担任として」の三つの顔をもつことを自覚しましょう。「担任となる前」「担任発表時」「担任として」それぞれの顔では，役割や見取る内容，心構えが少しずつ異なります。どのように異なるのでしょうか。

❶「担任となる前」

始業式前には当然のことながら，あなたは４年生を受けもつこと，もっと言えば誰を受けもつのかすらも把握しています。

３月。気になるあの子の，気になる点をたくさん聞かれたことでしょう。３年生は自分に目を向けてほしい「私を見て見て期」。会話の主語はいつも「私が」でした。４年生ともなると「周囲との関係性に重きを置く期」へと移っていきます。会話の主語に「○○さんが〜」が混じってくる時期であるとも言えます。

始業式。子どもたちの「変わった」「変わろうとする」姿をそこら中に観ることができます。友達を気遣う姿，下級生に優しく接する姿。そんな姿を観察することで不安で一杯だったあなたの心には“希望”という名の光が宿ることでしょう。３年生時からの子どもの変化に触れ，成長を認めることで教師と子どもがよい関係を築いて4月のスタートを切ることができます。

❷「担任発表時」

子どもたちは，3年生時まで，自分中心に事を進めてきました。4年生となり，周囲の評価や周りの目を気にしはじめる段階へと突入していきます。担任発表時の所信表明では「私はあなたがたのことを何にも捕らわれずにきちんと真っ白ななかで見ていきます」を強調した内容にしましょう。子どもたちは一から新しい自分を受け入れてくれることに安心し，よりがんばろうとする意欲が湧いてくることでしょう。

❸「担任として」

学年ごとに分かれての「学年開き」。いよいよ4年生児童の一年を決めると言っても過言ではない学級担任確定の時間です。教員は，子どもが思っている以上に子どもの情報を持ち合わせてはいないのですが，子どもは“私の全てを把握している”ぐらいに思っています。

担任発表時に，大切にしたいことは

「緊張を解きほどいてあげること」「みんなに対して平等だと示すこと」

です。名前を呼んだ後は担任として，子どもたちを迎える際の声掛けでは

「○○さん，校長先生の話を聞くときの姿勢がすごくよかったよ」

「お友達に対してすごくいい言葉掛けができていたね」

等，3年生時と比較して見えた少しの成長や変化を伝えること。子ども自身が成長と変化を見せようとする時期です。子どもたちが瞬間的に「担任があなたでよかった」と思えるような言葉掛けをしっかりと準備しておきましょう。

〈学年開きの主な流れ〉

❶学年担任発表・自己紹介

- 子どもたちがこの一年楽しく過ごせそうだなと思う演出を「学年団」として心掛ける。
  （例）学年団で協力しないと成し得ないチャレンジ（けん玉大皿連続成功等）

❷クラス分け

- 先生も子どもたちもみんなが気持ちよくスタートできるように大きな歓声やがっかりな声を控えるように事前に指導を。

❸学年目標・学年ルールの発表

- 学年目標は子どもたちの印象に残るよう端的な言葉を用いる（「日々，全力！」等）。
- 学年ルールは3年生時のものからかけ離れたものにしないように，引継ぎを十分に行う。

4月 子どもとの出会い

金田　明莉

出会いの心構え

４月。私たち教員は１日に校内人事を発表され，早いところでは５日に始業式なんてこともあります。バタバタ忙しい日々を過ごし，迎える始業式ですが，疲れた顔で迎えるのではなく，「みんな待ってたよ！」と笑顔で迎えたいものです。

黒板に○○を書く

担任発表が終わった後，教室に行って自分の新しい席に座ります。そのとき新しい教室と出会います。席に座ったとき，一番はじめに見えるのが黒板です。黒板に必要事項などを書きますが，それと同時に自分の名前を書かずに，

「進級おめでとうございます。４年○組担任の　　　　　先生です。」

と黒板に書いておき，子どもに元気に答えてもらいましょう。

始業式後の教室で何話す？

始業式，担任発表，クラス分けが終わると教室での時間がはじまります。４年生にもなると，子どもたちも慣れてきています。新しい先生がどんな先生なのか，どんなことをしてくれるのかと期待する気持ちでいっぱいになっています。

❶ 先生の自己紹介

相手のことを知るために，まずは自己開示することが大切です。好きなことだけではなく，自分の苦手なこと（食べ物など）も伝えてもいいですね。また，学級の方針も伝えます。最初が肝心。どんなクラスにしたいか，何をしたら叱るかなどをしっかり伝えます。

また，自己紹介を円滑に進め，印象に残るようにするためにスライドを作っておくと効果的です。スライドは時間をかけすぎるのではなく，なるべく簡潔にしましょう。

例えば……，

- 好みや名前を当てるもの

→子どもたちが「いや，これ以外にありえない！」と思えるくらい簡単なものが○。

- 私がうれしいこと

→めざしたいクラス像とつながります。今後何度も使うことができます。

私の名前は？

- かなだあかり
- かにだあかり
- かぬだあかり
- かねだあかり
- かのだあかり

わたしのすきな食べ物は

- お肉
- スパゲッティ
- パン

わたしがうれしいこと

- みんなが笑顔で学校に来ること
- みんなが自分で考えて行動すること
- みんなのことをほめることができること

❷ 子どもの自己紹介

先生が終われば次は子どもです。この自己紹介を私は「よろしくねの会」と言っています。名前，好きな○○などを言った後，「みんなよろしく～！」と自己紹介している子どもが言います。その後みんなで「よろしく～！」と元気に言います。クラスが活気にあふれ，「このクラス楽しそう！」と初日から期待が持てます。

4月 係活動や当番活動

金田　明莉

係活動や当番活動

係活動と当番活動の違いを決めていますか？　基本的には，

当番活動→学級運営に必要な活動（掃除当番や給食当番など）
係活動→学級運営をより潤滑にするための活動（図書係，体育係など）

というように分けられます。当番活動は学級運営に必要な活動で，学校内で清掃場所の割り当てがあることが多いです。トイレ清掃など，性別がかかわってくるものもあるので，担当は担任で決めていいでしょう。

係活動どうやって決める？

一方，係活動は，「学級運営をより潤滑にするための活動」です。なので，極端にいえば「やろうと思えば担任がすべてできる活動」もしくは「誰もやらなくてもなんとかなること」ともいえます。４年生にもなると１学期には子どもと「どんな係が必要だろうか」と相談しながら考え，２学期以降は，１学期の係活動をもとにして「この係は必要，この係は不必要」「新しくこの係はどう？」と選り分けるのもいいでしょう。

会社活動のすすめ

係活動や当番活動だけでなく，会社活動もおすすめします。係活動との違いは，「学級をよりよく楽しくするための活動」で，子どもたちが一から考える活動です。４年生になると，いろんな会社ができてきます。子どもたちは会社を運営し，協力しながらも時には諍いも起こしながら，成長していきます。そんな会社活動で気をつけたいことを紹介していきます。

❶ 会社設立は簡単にすべし

最初は子どもたちにとって会社を立ち上げるハードルは意外と高いことです。

- 二人集えば会社設立 OK
- Ｂ５の画用紙１枚に〔会社名・社員名・活動内容〕を書けたらその時点で会社設立可能
- 社員は後から何人でも増やすことが可能

など，そのハードルを下げることで，子どもが「やってみたい！」と思う背中を押すことができればいいですね。

❷ 会社存続は子どもたちと話し合うべし

学級をよりよく楽しくするための会社活動ですが，最初は盛り上がっていたとしても徐々にその盛り上がりは下火になっていきます。定期的に話合いや活動の時間を設定しましょう。また，みんなでそれぞれの会社について話し合い，ふり返るのもよいでしょう。そのときに，「今その会社は活動しているのか」「残すことに意味があるのか」「さらに会社をよくするにはどうしたらいいのか」といったことについて意見交流を行います。活動が下火になっている会社が，「みんなにもらったアドバイスでもう少しがんばってみよう」「みんなの願いをかなえるためにやってみよう」と思えるようにすることが大切です。

〈当番活動・係活動・会社活動のちがい〉

□当番活動

学級運営に必要な活動　教師から提示する

□係活動

学級運営をより潤滑にするための活動　子どもたちと話し合いながら決める

□会社活動

学級をよりよく楽しくするための活動　子どもたちがやってみたいことをやる

レク　10分

子ども同士のつながりを意識して「おしゃべりゲーム」

ねらい　学級全体の士気を高め，話したことのないクラスの友達との話のきっかけをつくり，学級内の仲間づくりのきっかけとするため。

準備物　お題シート，サイコロ

津田二千翔

どんなレク？

四人から六人のグループをつくり，順番にサイコロを振ります。サイコロの目を話題にして，グループで話をするレクリエーションです。このレクリエーションでは，教師の準備物としてお題シートの準備が必要です。お題シートは，以下のように作成します。

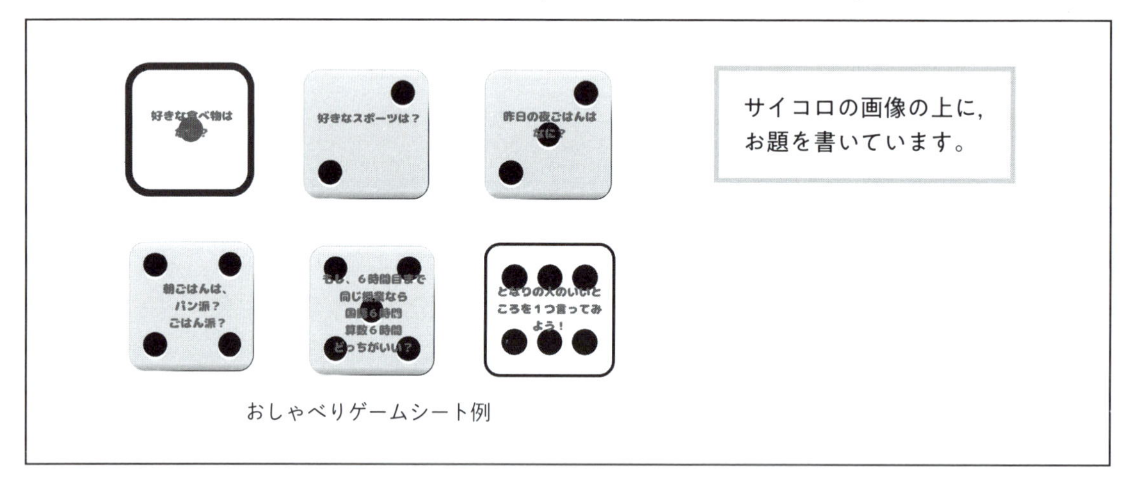

おしゃべりゲームシート例

例えば，１「好きな食べ物は何ですか？」，２「好きなスポーツは何ですか？」，３「昨日の夜ごはんは何でしたか？」，４「朝ごはんは，パン派ですか？　ごはん派ですか？」，５「もし，６時間目まで同じ授業なら国語６時間，算数６時間どちらがいいですか？」，６「となりの人のいいなと思うところを一つ言ってみよう！」などがあります。このように，サイコロの目の数に合わせてお題を作成します。

ルールは順番にサイコロを振り，出た目に沿ってお題に答えていきます。サイコロを振り，話し手にとって話しにくいお題が出てしまったら何度でもパスを使ってよいこととします。子どもたちは「パス」という選択肢があることで，負荷に感じることなくゲームを楽しむことができます。

このレクリエーションでは，話し手はお題に沿って自分自身のことを話すことができ，聞き手は，話し手の話をしっかりと聞くということを習慣づけることができます。また，自分の意見を伝え，相手の話をよく聞くという学級内でのグループワークの基礎の力を養わせることができます。

お題はいつも決まったものではなく，その時々の子どもの実態に応じて変更することができます。具体例のサイコロ「４」の目のお題のようにパン派？　ごはん派？　と選択肢を設けると，子どもたちはより一層答えやすくなります。また，「６」の目のように「となりの人のいいなと思うところを一つ言ってみよう！」や，「先生のステキなところはどこですか？」のように風変わりな質問を入れると子どもたちの笑顔はより一層増します。

レクの流れ

❶ お題シートとサイコロを取りにきましょう。全員がそろったグループは，サイコロを振る順番を決めておきましょう。

班ごとに必要なものを準備し，サイコロを振る順番を決めておくように伝えます。班ごとにするレクリエーションであっても，学級全体で一斉にはじめます。準備物があるレクリエーションの場合には，子どもたちが見通しをもって行動できるよう指示を的確に伝える必要があります。

❷ おしゃべりゲームをスタートしましょう。１周目が終わったら，時間になるまで何周でもしてよいですよ。

制限時間を定めて，レクリエーションをスタートします。教師は，机間指導をしながら活発に発言しようとしている子ども，まとめるのが上手な子ども，コミュニケーションが苦手な子どもなど，現段階での子どもの様子をしっかりと見ます。

❸ ゲームの感想を班で交流しましょう。

感想を伝え合う時間をつくることで，一気にグループの仲が深まります。楽しかった時間の交流は，子どもにとっても話合いに自信がつき，グループ活動を楽しむきっかけとする時間にすることができます。

4月 はじまりの学級懇談会

宮本真希子

カフェの雰囲気で

４年生ともなると，つながりのある保護者同士の方もいます。しかし，クラス替えで「はじめまして」の方もおられるでしょう。また，フルタイムで働く保護者も多いですから，学級懇談会を保護者の方々がつながれる場にしてみませんか。

参加してくださった保護者全員が，なにか発言できる機会をつくりましょう。テーマは子どもたちに関することや学級の雰囲気や流行りに沿うものなどを提示します。ただし，ネガティブな話題にならないこと。この頃の子どもたちを「ギャングエイジ」と呼ぶように，３・４年生は親や教師に反抗するようになります。日々の苦労を共感しあえる仲間として，学級懇談会を「我が子の悪口大会」にしてしまってはもったいないですよね。ポジティブな雰囲気で素敵な話をたくさんしてもらいましょう。

また，子どもたちの個性がでるように，子どもたち自作の三角名札やネームカード似顔絵などを用意しておき，各保護者の方に使ってもらえば，会のスタートからお互いの名前がわかるのでおすすめです。

〈ポイント／知っておきたいこと／チェックリスト〉

□お子さんの好きなこと（興味のあること）
□お子さんの得意なこと
□お子さんががんばっていること
□お子さんのいいところ
□お子さんが今はまっていること
□４年生になってからお子さんができるようになったこと

提示したテーマで答えてもらえなかったら，別の質問をしてみましょう。
保護者が子どものことを知ろうとするきっかけにもなります。

写真や動画で普段の様子を伝えよう

保護者が学校での子どもたちを見ることができるのは，学習参観と行事のときなど限られた時間です。子どものなかには，新しい学年のスタートにまだまだ緊張した様子の子もいるかもしれません。写真や動画を活用して，普段の様子も知ってもらいましょう。

一番のおすすめは，休み時間の様子です。誰とどんなことをしているのか，どんな表情をしているのか……。実際に見ることができたら，保護者の方の安心にもつながるでしょう。また，給食の時間や掃除の時間もおすすめです。きっと家庭では見ることのできない姿がたくさんあるはずです。さらに，学習参観とは違う雰囲気の普段の授業の様子を見ていただくのもよいでしょう。子どもたちの一生懸命な様子，生き生きしている様子を伝えられるとよいですね。ただし，懇談会で写真や動画などを披露する際は，他の学級との差が出ないように，学年や管理職とも相談しておきましょう。

学級懇談会で伝えること

学級懇談会で伝えるべき骨子はどの学年も同じです。そこに４年生らしさを取り入れます。

〈始業式から今までの様子〉

始業式の日の第一印象と数週間過ごしてみた印象を合わせてお話します。子どもたちができること，がんばっていること，素敵なところを惜しみなく伝えます。

〈担任・学年としての願い〉

担任としてどのような学級経営をしていきたいか具体的に伝えます。始業式の日に子どもたちにお話しした内容と同じでもよいでしょう。そして，３月末に子どもたちにどう成長してほしいかも具体的に伝えます。来年は学校を動かしていく高学年になります。子どもたちにも保護者にもその意識をもってもらいましょう。

〈４年生ではじまること〉

３年生とは違い，４年生でスタートすることはクラブ活動だけという学校が多いでしょう。なかには，委員会活動や宿泊行事がスタートする学校もあるかもしれません。保護者の不安も取り除けるよう，新しいことと一年間の見通しを伝えましょう。

〈小４の壁〉

勉強や友達関係が難しくなり，日々成長する子どもたちにとって４年生は壁にぶち当たることが多いと言われています。保護者の意識も，「もう４年生だから」と慣れと安心が出てくる時期でもあります。そのうえギャングエイジでの反抗も重なり，子どもたちが「うまくいかない」と感じることも増えるでしょう。そんな時期だと共有することで，親子間のトラブルを回避につながるかもしれません。

教室環境づくり

宮本真希子

みんなでつくろう！素敵な教室！

よい意味でも悪い意味でも４年生の子どもたちには慣れが生じ，低学年で学んだ整理整頓も自己流になったり忘れていたりするでしょう。そこで，整頓の具体的な「方法」ではなく「考え方」を指導します。担任は例を示し，実際に整えていくのは子どもたちです。

また，４年生にもなると，子どもたちの力で教室をレイアウトすることもできるようになるでしょう。全てを任せることは難しいですが，掲示物だけでなく机やロッカーの配置も一緒に考えて，一緒に学習しやすく過ごしやすい環境を整えてみるのもいいですね。

子どもの机・ロッカー・靴箱は「ちゃんと」の見本を！

身の回りを整理整頓するべき理由は三つです。①スムーズに過ごせる，②落ち着いて過ごせる，③安全に過ごせる。この三つは，できているときは「当たり前」と感じるので，うまくできていることを実感するのは難しいでしょう。だからこそ先生が，スムーズに動けているか，落ち着いているか，危険な個所はないかをしっかり見取らなければなりません。まずは，４月に「ちゃんと」片付いている見本を示し，全員が「ちゃんと」片づけられる土台を整えましょう。

靴箱

机のなか

雑巾かけ

年間通して整った教室にするために

❶ 整理整頓を価値づける

まずは，整理整頓するべき理由を子どもたちと共有しましょう。整理整頓することへの価値を見い出すことができれば，自主的に整理整頓できるようになってきます。しかし，価値観は人それぞれです。整理整頓が不十分だと感じれば率先して声掛けをして，すべき行動を示すことも必要です。

また，子どもたちの下校後は教室を見渡し，乱れている部分はきちんと整えて一日を締めくくりましょう。このひと手間で，子どもたちも美しい環境が心地よく感じられるようになるとともに，先生自身も気持ちのよい一日をスタートできます。

❷ 根気強く指導する

「言われなくてもちゃんと片づけましょう」が，できるのは新年度の一週間だけ。継続できるのは一部の子だけです。何度も声を掛け，担任が行動で示さなければならないのです。子どもたち全員が意識できるまでは，整理整頓の時間を設ける必要があります。毎週○曜日はキレイタイム！　など，習慣化するとよいですね。６月からは二週に一回，２学期からは月に一回など，子どもの様子を見ながら，少しずつ手を放していきましょう。

❸ 子どもに託す

子どもたちに任せる教室環境づくりは，子どもの身の回りに限ったことではありません。新年度のスタート時には担任の好きな方法・レイアウトで整えます。それをベースとして，子どもたちが自由にできる部分をどんどん開放していきましょう。クラスのみんながスムーズに，落ち着いて，安全に過ごせるのであれば，子どもたちらしさを出せるようにしましょう。

〈子どもに託しやすい　背面黒板と側面掲示板〉

□季節に合った掲示物（折り紙や画用紙で作ったもの，詩，写真など）
□係のポスターやお知らせ
□予定表（一日，一週間，一か月など）
□係からのお知らせ
□個人のめあて，班のめあて
□がんばったことの紹介（自分のこと，友達のこと，クラス全体のこと）
□個人の趣味や興味のあること
□学習したこと

4月　5月　6月　7・8月　9月　10月　11月　12月　1月　2月　3月

5月

今月の見通し

子どもたち同士のよりよい関係をつくろう！

若松　俊介

今月の見通し

学校行事
- 運動会の準備（6月開催）…目標をもって取り組めるように
- 社会見学…実際に見学して学ぶ経験を大切に

学年・学級
- 学習の定着確認…4月の学習内容をふり返る
- 運動会練習…かかわり合いながら共に成長できるように

家庭との連携
- 授業参観…子どもたちが輝く授業を
- 学級懇談…学級の方針をつたえる

他
- 熱中症対策…水分補給や帽子の着用を促す
- 連休明けの集中力の低下…リズムを整え，授業に集中できる工夫を行う

5月になると，もっと「子どもたち同士の関係性」に目を向けるようにすることが大切です。4月は，子どもたちにとって「新しい環境に慣れるための期間」でした。子どもたちは，新しい仲間との出会いに戸惑いや緊張を感じていたかもしれません。しかし，1か月が経ち，少しずつお互いのことを知るようになり，緊張が和らいでいることでしょう。

この時期は，子どもたちの関係性がより深まる重要な時期です。はじめは接し方に戸惑っていたかもしれませんが，日々の活動や遊びを通じて，仲間の個性や趣味などを理解しはじめていきます。学級全体やグループでの遊び，学習課題等に取り組むことで，自然とかかわり合える関係にしていけるでしょう。

子どもたち同士のよりよい関係をつくる

❶ 子どもたちのグループ化に注目する

４年生になると，子どもたちの関係性にグループ化が生まれてくることがあります。これは子どもたちにとって自然なことであり，悪いことではありません。しかし，グループ化が進むことで，「相手のことを知らない」がゆえに生まれるトラブルも発生する可能性があります。そのため，子どもたち同士のよりよい関係を築くことを目指します。

この「よりよい関係」とは，決して「みんな一緒に過ごしましょう」「みんな楽しくしましょう」といったことを押し付けるものではありません。子どもたち同士が互いによい距離感を保ちながら，一人一人が自分にとって，そして自分たちにとって最適な過ごし方ができる環境を整えることです。

❷ 子どもたち自身がよりよい関係をつくっていけるようにする

最初は教師が「よりよい関係づくり」に向けて場づくりや支援等を行うかもしれません。授業中や生活場面など，あらゆる場面で「様々な関係性が生まれるグループをつくろう」「お互いにかかわる機会をつくろう」と工夫されるでしょう。しかし，徐々に子どもたちが自分たちでよりよい関係を築けるように促していきます。

子どもたちが「相手の話をきちんと聞く」「相手のよさを知ろうとする」ことのよさを実感すると，様々な場面でもこうしたことを大切にするようになるでしょう。常に教師が「よりよい関係をつくらないと」と必死になるのではなく，子どもたち自身が，よりよい関係づくりをするために大切なことを身につけていけるようにしましょう。

★ 常に子どもたち同士の関係性に注目する

５月は，新しい学級での子どもたち同士の関係性が固定し切っていないからこそ，その関係性が広がったり深まったりするチャンスがあります。この時期を活かして，子どもたちが多様な関係を築くことができるようにします。

学級には，「一人になってしまっている子」「一人でいたい子」「ある子としかかかわれない子」「誰とでもかかわれる子」など，本当にいろんな子がいます。そのため，子どもたち一人一人の様子や関係性を見取りながら，「よりよい関係づくり」に向けた指導や支援を行うことが重要です。

教師として，子どもたちに「仲良くなってほしい」「関係性を広げてほしい」といった願いをもつことは大切ですが，それを押し付けるのではなく子どもたちのそれぞれのペースを大切にしたいものです。ここで意識したことは，５月以降も大切にします。絶えず，子どもたち同士の関係性に注目して学級経営をしましょう。

【参考文献】
- 若松俊介著『教師のいらない学級のつくり方』明治図書
- 若松俊介，樋口綾香編著『イラストで見る全活動・全行事の学級経営のすべて 小学校４年』東洋館出版社

5月 高学年の入り口を意識した参観授業

日野　英之

 4年生の参観ここがポイント

4年生の参観授業。高学年の入り口となる4年生。保護者は3年生のとき以上に学習の状況や友達関係に重点を置いて参観に臨まれることでしょう。保護者が気になっているポイントをおさえた参観授業を展開していくにはどのような点に注意していけばよいのでしょうか。

実現に向けてここがポイント

4年生最初の参観では「学力」「社交性」「あなた」の三つの点に着目して授業を進められるとよいでしょう。

❶「学力」

高学年になるとどの教科の学習も急激に難易度が増していくことは，保護者も自身の小学生時代の経験から理解しています。それが故に，保護者は，わが子が4年生の現段階でどの程度の学力が身についているのだろうかと気になる所です。参観授業だけで保護者が子どもの学力を測れるかと言われれば難しいでしょう。そこでポイントとなってくるのが**掲示物**です。

図工で作製した作品を廊下に，理科の観察レポートを廊下側の壁に，国語の作文や感想文を教室後方下部に，後方上部に習字の作品を。字の美しさ, 文章構成力, 発想力, 柔軟性, 理解力をある程度把握できるとともに，他の子どもとの比較から理解はより深まることでしょう。参観では授業に力を注ぐことはもちろん大切なことですが，掲示にも気を配るようにしましょう。

❷「社交性」

より人間関係が複雑化していくことが目に見えている高学年。「わが子は友達とうまくやれているのかな？」「場の雰囲気を読んだ言動は取れているのかな？」何かと周囲との関係性にも保護者は注目しています。授業のなかで,「教師と子ども」の関係性が見える場面の設定や「子どもと子ども」の関係性が見えるペア活動やグループ活動といった場面の設定を心掛けましょう。

〈「教師と子ども」の関係性が見える主な場面〉

- 一斉指導における子どもとのやり取り
- 机間指導等における個別指導でのやり取り
- 授業前，授業後の会話や簡単なやり取り

〈「子どもと子ども」の関係性が見える主な場面〉

- ペアでの話合い活動
- グループでの協働作業・学習活動
- 授業前，授業後の様子

❸「あなた」

「今年の先生はどんな先生なんだろう？」は最初の参観の保護者の最大の関心事と言っても過言ではありません。第一印象がすべてです。次の点には十分に気を付けましょう。

〈教員が保護者によい印象を与えるポイント三つ〉

❶姿

- 服装（華美でなく，落ち着きある常識的な服装。ジャージ等はなるべく控えましょう）
- 言葉遣い（日頃からていねいな言葉遣いを意識しましょう）
- 平等な指導（呼称に要注意！）

❷教師の指導力・授業力

黒板に書く字があまりきれいでない，話している内容がよくわからない，子どもの質問に対して的確に返していない……あなたが保護者ならばきっとこの先の不安しか見えないことでしょう。外から見える，注意を払えばどうにかなる指導力や授業力については十分に気を付けて当日を迎えましょう。

❸子どもとのかかわり

授業内で一人に一回はかかわることを意識しましょう。教師と子どものちょっとした絡みを見るだけで保護者は安心するものです。できれば絡みのなかで子どもの誇らしい顔や笑顔が見られたらなおよいですね。褒めること・認めることをとことん意識しましょう。

こんなことも意識して！

子どもたちが４年生。当たり前ですが保護者も「保護者４年生」です。授業終わりに，「今年の先生は〇〇ね」と過去の担任と比較され，評価されることは避けられません。「〇〇」に当てはまる言われたいワードを意識した授業づくり，授業展開を心掛けましょう。

5月

レク　10分

教師と子どもをつなぐアクティビティ「キングに向かって勝ち進め」

ねらい　体を動かし発散しながら運動の得手不得手や，男女分け隔てなく交流できるようにするため。

準備物　ケンステップ（フラフープ），得点板

津田二千翔

どんなレク？

学級を二つのチームに分けます。準備物のケンステップ（フラフープ）を手前から7個，5個，3個，1個ずつ横並びに置き，前からみると逆三角形のような形にします。先攻と後攻を決め，後攻の人は，並べたフラフープに一人ずつ入っていきます。スタートラインに一番近い手前の七人を「かえる」チーム，2番目の五人を「アヒル」チーム，3番目の三人を「うさぎ」チーム，4番目の一人を「ライオン」（キング）とします。先攻の人たちは，スタートラインから走り，まずはじめに「かえる」チームと対戦します。「かえる」チームの七人のうちの一人にじゃんけんで勝つことができれば，次の「アヒル」チームとのじゃんけんにチャレンジすることができます。さらに，「アヒル」チームにも勝つことができれば，次は「うさぎ」チームにチャレンジすることができます。「かえる」「アヒル」「うさぎ」とのじゃんけんに勝った人は，最終の「ライオン」（キング）とじゃんけんすることができます。「ライオン」にじゃんけんで勝つとチームに点数が入ります。しかし，どこかの動物で負けてしまうとスタートラインに戻り，「かえる」チームとの対戦からやり直しです。

このレクリエーションは，チーム戦で行います。しかし，運動能力の差が表れにくく，個人の責任として押し付け合うような状況が生まれにくくなっています。じゃんけんという身近な遊びを使いながら体を動かすことで，ちょうどよい運動量が確保できるとともに，学級全体で盛り上がることができるレクリエーションです。

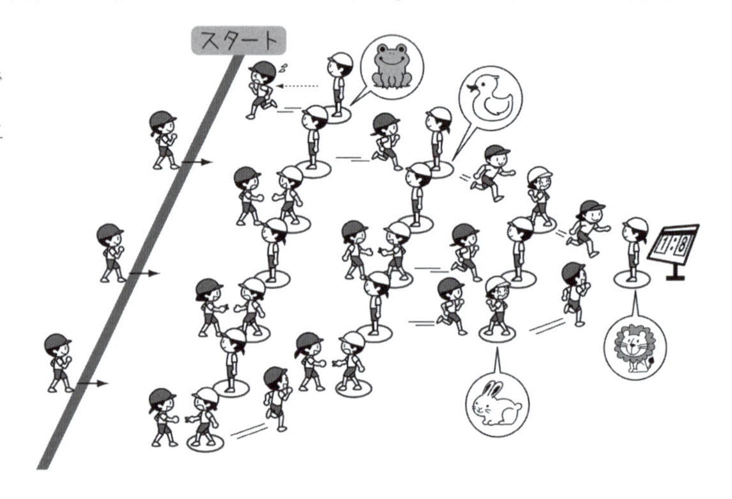

レクの流れ

❶今日は，赤チーム対白チームで対決します。赤チームの人が先攻です。スタートラインに並びましょう。白チームの人は，後攻です。ケンステップが置いてある場所に一人ずつ入りましょう。

一人ずつケンステップに入っている状態で，動物の名前を伝えていきます。ゲームの説明をすれば子どもたちは簡単にルールを理解することができますが，初めてするときにはルール説明を念入りにし，教師が動きながら一度見本を見せると子どもたちがルールを理解しやすくなります。

❷それでは，スタートします。各動物チームの人の前に行ったら，ハイタッチして，「よろしくお願いします」という声掛けをしてからじゃんけんをはじめるようにしましょう。制限時間は５分間です。よういスタート！

じゃんけんをして勝ち進んでいくゲームですが，加えて学級同士のつながりを深めるために，対戦前の挨拶や，ハイタッチをすることをゲームに組み込みます。ほかにも，握手，動物のものまねをしてからじゃんけんをスタートするなど学級の実態に応じて様々な工夫をすることができます。

❸結果発表をします。赤組○点，白組○点，よって○組の勝ちです。ちなみに今日の得点王は○○さんです。みなさんで拍手をしましょう。

勝負ごとにしたときには，必ず結果発表を行います。互いをたたえ合う時間を設けることで，結果がどうであれ褒め合ったり，認め合ったりすることの大切さを伝えていきます。

5月 家庭訪問で心掛けたいこと

宮本真希子

事前準備と聞き取りのまとめ

家庭訪問当日に余裕をもって動くために，念入りな事前準備は欠かせません。学校や学年の方針もあります。自分の思い込みだけで動くことのないように気をつけましょう。

日程調整は保護者の希望に沿いつつ，無駄なく回れるように地域や移動距離を考えて組みましょう。各家庭の場所や部屋番号を正しく確認し，地図でルートをたどりながらシミュレーションしておきます。雨の日でも対応できるようにしておけば安心です。

聞き取りのまとめは，今後一年間の指導に必要な大切な資料となります。一日でたくさんの保護者と話をしますが，内容を確実にまとめるために一人終わる度にメモをします。もちろん，保護者の目の前ではせず，挨拶のあとにメモするようにしましょう。学年や学校で共有すべき内容は，帰校後すぐに伝えましょう。

当日の服装と持ち物

保護者とじっくり話をする初めての機会です。よい印象をもってもらえるよう，すっきりとした綺麗な服装を心掛けましょう。また，近年の５月は気温が高いので水分と日よけ対策は必須です。

聞くこと９割，伝えること１割

十年もの間，毎日一番近くで子どもと過ごしてきた保護者から，短い時間でどれだけ子どもたちのことを教えてもらえるかが勝負です。「聞くこと９割，伝えること１割」ぐらいの気持ちで，お話を聞かせてもらうことに主眼を置き，家庭訪問に臨みましょう。その子のよさを改めて知り，その子のよさを違う視点から知ることができるチャンスです。以下のような内容で，お話ができればいいですね。

また，保護者も学校での様子を知りたいはずです。その子のよさを一つ，それが伝わるエピソードを一つか二つぐらいはもっておきましょう。

〈家庭訪問話題例〉

□「お家ではいつもどのように過ごしていますか。学校の話はよくしますか」
　家庭での過ごし方が学校とは全然違う！　ということもよくあります。また，親子のやり取りも垣間見えます。

□「お家ではいつもどのように過ごしていますか。学校の話はよくしますか」
　好きな，興味のあることは，その子の核心に迫れます。翌日からの話題にもなります。

□「お子さんの好きなことや，最近興味をもっていることは何ですか」

□「お子さんの得意なことやいいところをたくさん教えてください」
　いいところ・得意なことを一つでも多く知ればその子をもっと好きになれます。また，学級経営に生かすこともできます。

□「お子さんが苦手なことはありますか」
　苦手を知れば寄り添えます。今後その子に優しい声掛けができますよ。

□「今，お子さんや学校のことで気になっていることや心配なことはありませんか」
　現時点で心配していることや質問があれば聞いておきます。即答できない内容の場合は，確実に後日お伝えすることを約束します。

□「引継ぎ資料でも確認していますが，アレルギーや体調面も含めて，私が知っておいた方がよいことはありますか」
　アレルギーなどの体調や担任として知っておくべきことがあれば確認します。前担任や養護教諭からの引継ぎはもちろんですが，大切なことは保護者に直接聞きましょう。

今月の見通し

中だるみの6月を乗り越えよう！

若松　俊介

今月の見通し

学校行事
- 運動会（6月開催）…練習の成果を出せるように
- プール開き…安全に授業を進める

学年・学級
- プールの授業開始…水の安全についての指導を徹底。水に不慣れな子への支援
- 運動会…クラス団結の機会に

家庭との連携
- 運動会本番に向けて…本番に向けた活動の様子や当日の取り組みについて情報共有
- プールの授業への準備と協力依頼…準備物の確認や安全に関する家庭での指導をお願い

他
- 梅雨の時期の体調管理…換気や湿度管理にも気を配って風邪等の予防

学級経営において，6月は「魔の6月」「6月危機」と言われることがあります。みなさんも一度は耳にしたことがあるのではないでしょうか。実際に6月になると，子どもたちの間で少しずつ中だるみが起きはじめることがあります。なぜかというと，4月や5月に感じていた緊張感が徐々に薄れてきて「馴れ」が出てくるからです。

しかし，これは決して悪いことではありません。子どもたちにとって自然な姿です。子どもたちが自分のペースで過ごし，日常のなかでの小さな楽しみや新たな興味を見つけるチャンスでもあります。「魔の○○」「○○危機」で終わらせるのではなく，子どもたちにとってよりよい時期にしたいものです。

「中だるみ」を脱却できるように

❶ 教師自身の捉え方を見つめ直す

5月までは，教師が中心になって学級経営を行っても上手くいっていたかもしれません。子どもたちは「先生の言うことを聞く」「新しい学級の仕組みに慣れる」ことに一生懸命になっているからです。しかし，6月になるとそれだけではうまくいかなくなります。なぜなら，教師が新たに学級のルールや仕組みを示す場面は少なくなると同時に，子どもたちの個性や「その子らしさ」が表れる場面が増えてくるからです。

これらを「中だるみ」「反抗」と捉えるか，「子どもたちの自然な姿」と捉えるかで，今後の学級経営が変わるでしょう。教師が中心になって物事を考えすぎると，「中だるみ」「反抗」と捉えるようになってしまいます。そうではなく，子どもたちの視点に立って現在の状況を捉えたいものです。

❷ 子どもたちの力で物事に取り組む機会を増やす

6月になったら，子どもたち同士で何かに取り組める機会を少しずつ増やしていくとよいでしょう。4月や5月は教師がリーダーシップを発揮して，学級での様々な活動を進めてきたかもしれませんが，ずっとそのままでは子どもたちが受け身で過ごしてしまうことになります。それでは，「中だるみ」「反抗的」になっても仕方ありません。

例えば，係活動や給食，当番活動など，これまで行ってきたことに対して，子どもたち自身が「〇〇したい」「△△してみよう」と工夫できるようにすることが大切です。このように，子どもたちが主体的に考え，行動する機会をつくることで，自分たちで責任をもって取り組む姿が見られるようになります。決して「新たな何か」をはじめる必要はありません。これまでに取り組んできたことについて，「子どもたちが工夫できる」ようにするだけです。

試行錯誤できると「中だるみ」はしない

もちろん，子どもたちが自分で工夫して行動するようになると，「うまくいかないこと」や「できていないこと」もたくさん出てきます。それらすべてを教師が「何とかしよう」と思うとうまくいきません。子どもたちの「〇〇したい」「△△してみよう」という願いや行動を打ち消してしまう恐れがあります。教師が何とかしようとするよりも，子どもたちが自分たちで試行錯誤する機会を大切にすることが必要です。

4年生であれば，これまでの学習や経験を活かし，「もっとこうすればよいのではないか」と自分たちで考えることができるでしょう。「うまくいかないこと」「できていないこと」を子どもたち自身が乗り越えられるようにすることで，7月以降はより充実した時間を過ごせるようになります。

【参考文献】
- 若松俊介著『教師のいらない学級のつくり方』明治図書
- 若松俊介，樋口綾香編著『イラストで見る全活動・全行事の学級経営のすべて 小学校4年』東洋館出版社

知的好奇心とつながりを意識した水泳学習

日野　英之

「見て見て期」脱却中の子どもたちに配慮した水泳授業に

「水につかって歩いたり走ったりする」「水にもぐったり浮いたりする」ことが主活動である低学年期の「水遊び」から，ばた足やけのび・面かぶりクロールといった，いわゆる「泳法」の習得が学習内容へと切り替わる中学年期の水泳学習。水中を進むことに慣れてきた４年生における水泳授業。どのような点を心掛けて指導を進めていけばよいのでしょうか。

指導のポイント

４年生の水泳指導では次の３点に注意して指導を進めていきましょう。

❶ なぜ“水泳”を学ぶのかについてのていねいな説明

「水泳授業がはじまったきっかけを知っていますか？　今から約七十年ほど前に修学旅行の小中学生を乗せた船が貨物船と衝突し，百六十人が犠牲にあうといった事故が起きました。その当時，水難事故が続いたことから学校の体育授業で水泳を学習するようになったのです。つまりは水泳学習の根幹は『水中で生きるためにはどうすればよいか』であり，『〇m泳ぐことができた』や『〇秒で泳ぐことができた』が学習の内容ではありません。４年生にもなると，家族と離れ，友達同士での活動が増えることでしょう。あってはならないことですが，仮に海や川で友達が溺れている姿に触れたとき，皆さんはどのように対応しますか？　緊急時に自信をもって対応できるようになるために水泳を学習するのです」

知的好奇心がわいてくる４年生。「なぜ・何で？」を明確にし，目的をもたせることで水泳学習に向かう姿・姿勢も大きく変わってきます。

❷ 指示一辺倒の授業は×

「はい，前列入って」→「はい，けのびで真ん中まできましょう」→「はい……」等と指示一辺倒の授業だと，習い事としてスイミングスクールに通っている子どもにとっては“確認”

の授業（作業）となります。一方で，スイミングスクールに通っていない子どもにとってはただただ苦痛な想いをする授業になってしまいます。せっかく水泳学習に取り組む意義を説明したわけです。説明した内容を活かし，課題解決型の授業で子どもたちの思考を揺さぶりながら授業を展開していきましょう。

〈子どもたちの思考を揺さぶる主な発問例〉

①「突然船から落ちてしまいました。助けが来るまで皆さんは浮いて待つ必要があります。どんな姿勢をとると楽に浮くことができますか」

②「今のあなたは足をケガしていて動かせない状況です。助けは12m先まで来ています。どのようにして体を使えば12m先まで移動することができるでしょうか」

❸ 集団作りの一つの場として

自分に意識を向ける３年生と異なり，意識が自分から友達・仲間の方へと移っていく時期です。発達段階に合わせて，以下のような手法を用いて，**つながり**や**つなぐこと**を意識した指導を心掛けましょう。

〈ペア学習・グループ学習〉

ビート板を使ってバタ足を学習する場面。

ペア活動を通して，水面を打ちつける箇所による水しぶきの感覚の違いを伝え合ったり，一方がもう一方の身体を支え，重さの違いによって体の使い方を知ったりする時間にしましょう。相互に認めたり，励まし合ったりすることを通して関係性が築かれていくことでしょう。

〈アクティビティ〉

「普段と違うことをする・異なる場所に行く」と気持ちが昂るのが人間の性。

子どものテンションが上がっているタイミングで，学年・学級全員の協力がなければ達成できないような「大波・小波」や「チーム対抗『宝探し』」といったアクティビティを通して「仲間がいることの大切さやおもしろさ」を味わわせましょう。

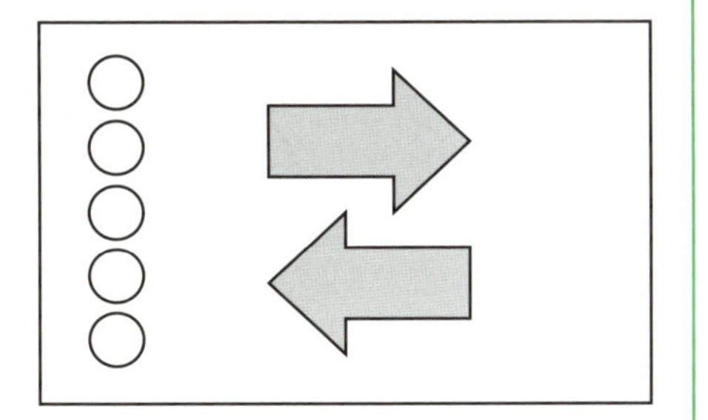

〈大波の指導ポイント〉

①１列の列を絶対に崩さない

②笛を鳴らす間，列を崩さないまま前に進ませる

③小波が子どもたちを追い越し，壁に当たった時点で笛を止め，反対方向へと進ませる

④８回程度繰り返すと大波が生まれる

6月 雨の日の過ごし方

金田　明莉

雨の日といえば

雨の日は，外に遊びに行けず，子どもたちにとってもストレスであることは確かです。だからこそ，雨の日に気をつけたいことがたくさんあります。特に廊下は絶好のランニングコースになってしまってはいませんか？　そのときどんな声を掛けていますか？

- ろう下は走りません！
- ろう下は歩きましょう！

この二つだと，どちらの声の掛け方の方がよいと言えるでしょうか？「ろう下は走りません！」だと否定的な言葉に聞こえ，怒られているような気分になってしまいます。一方で「ろうかは歩きましょう！」だと，呼びかけのように聞こえてきます。なるべくプラスの声掛けができるように心掛けましょう。

４年生になると，下級生に教えてあげる側です。子どもたちと「どう言われた方がうれしいかな？」と学級会で相談したり，ロールプレイングをしたりしてもいいでしょう。

雨の日におすすめ！休み時間にすること

当然ながら雨の日は外には遊びに行けません。だからと言って教室を走り回るのも危険です。教室で走り回ることなく安全な過ごし方を紹介します。

❶ タイピングゲーム

４年生になると外国語活動や国語科の学習で，ローマ字やアルファベットに慣れ親しみ，習熟している状態です。また，子ども一人一人の端末が配備されつつあります。それらを用いて行うタイピングゲームはおすすめです。教科書にはタイピングの練習ができるQRコードがついているものもありますし，インターネット上にはたくさんタイピングゲームがあります。クラスの子どもの実態に応じて授業内で紹介してからできるようにするのがいいでしょう。

❷ カードゲーム

現代の子どもたちは，生まれたときからスマートフォンがある環境で育ってきた子どもたちです。ゲームとの出会いはスマートフォンが多いのではないでしょうか。カードゲームに触れる機会が少なく，トランプ一つにしても遊び方を知らない子どもがたくさんです。休み時間に一緒に遊びながら，子どもたちに教えてあげるといいでしょう。アナログならではのよさを感じさせてあげましょう！

❸ 子どもたちがつくり出す遊び

子どもたちは持っているものを使って遊びを生み出すのが得意です。私たちにもそんな経験ありますよね。学校で必ずみんなが持っているのが文房具。特に消しゴムを使った「けしバト」はどの学級でも多くみられます。子どもたちは工夫して，定規や鉛筆でフィールドを作り，遊びます。「ものを大事にする」という観点からはよくないことかもしれませんが，よっぽど危険なことをしていない限りは子どもたちに委ねて任せてもいいでしょう。しかし，消しゴムや文房具の持ってきすぎや，紛失がないように持ち物の自己管理は徹底できるようにしましょう。

注意したい整理整頓

雨の日には教室で過ごす時間が長くなります。雨の日だけではありませんが，机がガタガタだったり，ものが散らばっていたりすると，危険やトラブルが増えます。子どもたちが自らどうやったら安全に過ごせるかを考え，みんなでルールづくりをするのがいいでしょう。「机の上には次の時間の用意だけを出す」や，「ランドセルロッカーから自分の荷物が出ないようにする」など子どもたち自身が自分で意識できるルールをつくることができるといいですね。

6月

レク　5分

雨の日にぴったりのレク「『ある・なし』クイズ！」

ねらい 雨の降る日が多く，外で遊ぶことができず部屋で過ごすことが多い時期だからこそ，学級全体で1つの問題に集中し，みんなで知恵を出し合いクラスの仲を深めるため。

準備物 特になし

津田二千翔

どんなレク？

→「○○○にはあるけれど，○○○にはない，○○○にはあるけれど，○○○にはない」のように，子どもたちに「あるもの」と「ないもの」を交互に伝えていきます。

例えば，

> 「かに」にはあるけれど，「えび」にはない。
> 「こんにちは」にはあるけれど，「こんばんは」にはない。
> 「にんじん」にはあるけれど，「じゃがいも」にはない。
> 「おにぎり」にはあるけれど，「白ごはん」にはない。
> 「日本」にはあるけれど，「オーストラリア」にはない。

最後に，「あるものに共通しているのは何だ？」と問います。この例題の答えは，「に」という音です。よく文字だけを観察してみると，あるものにはすべて「に」という音が入っています。みんなで，あるものに共通しているものを探すというレクリエーションです。

ある・なしクイズをするとき，子どもたちは，とても一生懸命に教師の話を聞こうとし，クラスメイトと相談しようとします。レクリエーション終了後に，子どもたちにクイズに向きあう姿勢（人の話をよく聞き，一生懸命に考える姿）が素晴らしいことであったなどとレクリエーションのふり返りを行います。魔の6月とも言われる月ですが，子どもたちにレクリエーションを通して学習へ向かう姿勢やコミュニケーションをとった学び方などの再確認を行うことができます。子どもたちが慣れてきたら，子どもたちに問題を考えさせ，子どもたち主体のお楽しみ会の出し物とすることもできます。

レクの流れ

❶今から,「ある・なし」クイズをします。先生の話をよく聞いて答えを考えましょう。

レクリエーションの質を高めるために,学級で共通の掛け声があると場が盛り上がります。例えば,教師の「第一問！」という掛け声に続いて,「デーデン！」と子どもたちに声をそろえて言わせるという方法があります。このようにクイズ番組の音響等を声で表すことによって学級全体の一体感が高まります。

このような声掛けをはじめたばかりのときは,教師の「○○クイズをはじめます」という声に対して,「え～」と恥ずかしさを隠し切れず反応する子どもや,教師に対して試し行動をしてくる子どもがいるかもしれません。そんな子どもたちに対しては,「『え～』の前と後ろに『い』を入れてみて言ってごらん」と伝えます。このように,伝え方を変えるだけで子どもたちは照れながらも楽しそうに,場が盛り上がってきます。声掛け一つでレクリエーションの質が一気に変わります。

❷「○○○にはあるけれど,○○○にはない,○○○にはあるけれど,○○○にはない」さあ,あるものに共通しているものは何だ？

「○○○にはあるけれど,○○○にはない……」と間を意識しながら子どもたちに伝えていきます。答えの予想がついたら「整いました」と言いまっすぐに手を挙げさせます。このときに,何度間違ってもよいからチャレンジすること,近くの人に相談してもよいこと,ノートにメモをとってもよいことの3点を伝えます。教師は,答えを発表して不正解であった子に対して「ナイスチャレンジ！」「おしい！」などと一言励ましの言葉を添えます。また,子どもたちが相談し合っている様子や,ノートにメモをしている様子があったときには,「あそこのペア,とても一生懸命に話し合っているよ」や,「たくさんメモをしている人がいるね」などと子どもたちの行動や様子も見逃さず価値付けていきます。

❸正解をした人にみんなで拍手の景品をプレゼントしましょう。

子どもたちに拍手のポイントも伝えます。拍手のポイントは,強く・早く・高く手をたたくことです。レクリエーションの前に学級全体で拍手の練習をしてから,正解した子どもに対して拍手をしようという風な流れですると学級に一体感が生まれます。

6月 学級だより作成法

宮本真希子

学級だよりの目的

学級だよりを出す目的，大きくは①保護者に学校の様子を伝える，②子どもと子どもをつなげる，③子どもと保護者に担任としての思いや考えを伝える，の３点です。「言葉」を「書く」ことで自分自身の考えをまとめたり客観的に捉えたりすることもできます。「話す」だけでは言葉は消えてしまい，伝わる範囲としても限界があるからこそ，書くことでの効果を最大限に生かしていきたいものです。

また，どのようなスタンスで，どれくらいの頻度で学級だよりを出すかは，年度当初に決めておくとよいでしょう。子どもたちメインで書いていくのか，保護者メインで書いていくのかによって言葉遣いも少し違ってきます。４月は張り切ってたくさん出したけど，６月には忙しさにかまけて一通も出せないと言うことのないよう，１か月または年間に発行する回数の目安を考えておきましょう。

学級だより発行における注意事項

まず，大前提として学級だよりを発行してよいか，学年と管理職に確認しましょう。学校によっては学級だより禁止，全クラス学級だより発行という決まりがある場合もあります。また学年によっては，学級だよりを出したくない先生がいれば，合わせる必要があることも。さらに，文責は各担任ですが発行は学校ですので校長先生の責任となります。管理職に確認してもらうことはもちろん，どんな内容の手紙を出しているか共有するため，必ず学年の先生にも目を通してもらいましょう。

内容面においては，次の４点に気をつけましょう。①個人情報の取り扱い，②読み手が不快にならない内容や言葉にする，③子どもが載る回数は平等にする，④作品を載せる時は本人（場合によっては保護者）の許可をとる。

せっかくの学級だよりがトラブルの原因とならないように心掛けましょう。書き手も読み手もワクワクするような，話題の一助となるような，素敵な学級だよりを発行できるといいですね。

タイトル

第１号は，学級だより発行の目的や担任としての思いを綴りましょう。タイトルも大切です。担任として思いを込めるのもいいですし，子どもたちと一緒に学級会で話し合ってもいいでしょう。どんな学級をつくりたいかを考え，共有するよい機会になりますよ。

子どもたちの成長や学びの喜びを表す親しみやすくポジティブなタイトルを紹介します。

- みんなの心
- ともだちノート
- よつばのクローバー
- あしあと
- キラキラ４年生
- ゆめいっぱい通信
- 10歳の力
- スクラム
- 未来へのステップ
- チーム○○
- 十人十色

おすすめネタ

２号目以降は日常の様子を中心に書いていきますが，以下におすすめネタを紹介します。まとめて書くとなると，負担感も大きくなります。日頃より以下の視点をもって，気づいたことはメモなどにストックしていきましょう。

①行事（遠足・運動会・音楽会・学習発表会など）
②授業中の様子
③休み時間・給食・掃除の様子（可能であれば写真つきで）
④子どもたちの素敵なところ
⑤子どもたちの作品
⑥今，学習している内容や習得のコツ
⑦学習につながるおもしろネタ（各都道府県のゆるキャラクイズで地図帳の活用など）
⑧子ども紹介（例えば誕生月に自己紹介・他己紹介をのせる）
⑨行事に向けた練習の様子や子どもたちのやる気コメント
⑩先生のおすすめや最近興味のあるもの（本・映画・時事問題など何でも OK）
⑪最近の教育情報
⑫子どもたちや保護者へのお願い
⑬親子で解けるクイズやチャレンジ課題
⑭クラスにかかわる他の先生からのおはなし（小ネタ）

7・8月

今月の見通し

1学期の締め，気持ちよく長期休みを迎えよう！

若松　俊介

今月の見通し

学校行事

- 終業式…1学期の締めくくり
- 通知表配布…1学期をふり返る機会に

学年・学級

- 夏休みの宿題指導…夏休み期間に計画をもって取り組めるように声掛け
- 学期末のまとめ，ふり返り…1学期をふり返って，よかったところや改善点を考える

家庭との連携

- 個人面談…通知表所見にかわる様子報告
- 夏休み中の学習計画の共有…夏休みの宿題を連携して支えられるようにする

他

- 夏風邪，食中毒の予防…手洗いうがいの喚起
- 夏休み前の安全指導…外出時の安全や交通ルールの確認

7月は，約三週間で1学期が終わりを迎えます。そのため，「1学期を締めくくる時期」でもあります。この三週間を，子どもたちにとって大切な期間にしたいものです。

何かやり残したことがあると，心からリフレッシュすることができません。また，誰かと関係が悪いまま夏休みに入ってしまうと，夏休み期間中もモヤモヤした気持ちを引きずってしまいます。したがって，今，やり残しているものがないかを見直し，それらを一つ一つ解消していく7月にしましょう。子どもたちが安心して夏休みに入れるよう，しっかりと支援できるようにします。

1学期を「締めくくる」を意識する

❶ 1学期をふり返る機会をつくる

7月には，「1学期の締めくくり」として，子どもたちと一緒にこれまでの活動や学習をふ

り返ることが大切です。こうした機会をつくることで，子どもたち一人一人が自身の「達成したこと」や「成長した点」を確認することができるため，自信をもって次のステップ（２学期）に進むことができます。

また，やり残した課題や積み残したこと等がないかどうかを一緒に確認し，まだ取り組むべきことがある場合は，できる限り対処できるようにします。例えば，未完了の係活動プロジェクトや理解が不十分な学習内容があれば，再度取り組むことができるようにするとよいでしょう。この際，子どもたち自身がその必要性を感じられるようにすることが大切です。

❷ 子どもたちの関係性にも注目する

特に，学期末最後の一週間は非常に重要です。この一週間を子どもたちが気持ちよく過ごせるようにしたいものです。この時期にトラブルが起きたり，問題が解決されないまま終わってしまったりすると，子どもたちが重い気持ちで夏休みを迎えたり，新学期がスタートしたりしてしまいます。トラブルが起きること自体は避けられないため，問題解決に向けてきちんと対応できるようにします。

そのためには，子どもたちの関係性にきちんと注目することが大切です。子どもたちの全てが見えるわけではないからこそ，意識的に観察し，「きちんと見られるようにしよう」と努めます。こうすることで，子どもたちの関係性の変化やおかしなところに気づくことができ，個別に声を掛けたり，関係性の修復に向けて支援したりすることができます。

「２学期につなげる」ことも意識する

あらゆる場面（学習，生活，係活動，当番活動等）で子どもたちがふり返る機会をつくる際には，子どもたちが自身の学びや成長を言葉で表現できるようにするとよいでしょう。自分なりに言葉にすることで，より自分自身を見つめ直すことができます。学級の仲間と考えを比べたり，後日改めてふり返ったりすることにも役立ちます。

また，ふり返るだけで終わるのではなく，「２学期に向けての目標」を設定する時間もつくることで，子どもたちが１学期と２学期のつながりを意識できるようにします。例えば，「次の学期ではどのようなことに挑戦したいか」や「どのようなことができるようになりたいか」といったテーマで考えられるようにするとよいでしょう。

このようにして，１学期を気持ちよく締めくくることで，子どもたちは前向きな気持ちで夏休みを過ごし，新学期に向けての意欲を高めることができるでしょう。子どもたちにとって充実した終わり方を目指したいものです。

【参考文献】
- 若松俊介著『教師のいらない学級のつくり方』明治図書
- 若松俊介，樋口綾香編著『イラストで見る全活動・全行事の学級経営のすべて 小学校４年』東洋館出版社

具体的な情報提供と肯定的評価で有意義な個人懇談に

日野　英之

保護者の時間を「奪う」懇談にならないように

時間は言うまでもなく有限です。保護者の方は懇談のために自分の時間を割いて懇談に臨まれます。決して「無駄」だと思う時間にはしたくありませんよね。どんなことに注意をすれば保護者に「無駄」だったと思われない懇談となるのでしょうか。

実現に向けてここがポイント

〈保護者の時間を「奪う」懇談の主な特徴〉
- **わかりきった情報の共有**
- **子どもに対する否定ばかりの評価**
- **高学年に向けて悩みを抱えているにもかかわらず話を聞いてくれない**

1～3年生まで各学期に1回ずつの計約10回もの懇談を終えてきた保護者。

「学力面では～」「性格は～」「人間関係は～」等の上辺の情報は，保護者の方が知っていると思っておいた方がよいでしょう。一方で，懇談の場で，学校の様子を話題に出さないわけにはいきません。どのような点を配慮し，懇談を進めていけばよいのでしょうか。ポイントは三つです。

❶「具体」を意識した情報提供

学力面を示す際には，点数ではなく，間違えやすい領域や他者との観点や先生ご自身の経験をもとに話されるとよいでしょう。**「点数は保護者さまから見られまして，高い結果ではないとおっしゃられていましたが，こちらの観点では……」「これまでもこうした傾向の子どもをうけもってきましたが，こんな姿に……」**保護者が知らない情報を共有することで，保護者のわが子に対する情報はアップデートされます。来てよかった！　と思われること間違いありません。

❷ 肯定的な評価話９割

第１期反抗期真っただ中の４年生。あんなにかわいいと思えた子がいつのまにやらイライラする存在に。追い打ちをかけるかのように個人懇談でも家と変わらない姿を披露していると告げられる。多くのストレスを抱えて帰られる保護者の方々……。

どんな子どもにも必ずいい所はあります。親御さんの心情を察して，個人懇談はとにかく褒めまくりましょう。**「家ではあんなんだけど，学校ではしっかりとやっているんだな」「学校のがんばりが家でストレスとなって出ているのね」** 少しの安心感が保護者の心の癒しとなり，親子関係の改善につながり，よい方向への成長へとつながっていきます。懇談会を保護者の心が休まるオアシスの場に。あなたの言葉が子どもを救い，しいては家庭を救います。

❸ 傾聴の姿勢

❷でも触れましたが保護者の方は反抗期を迎えた子どもに対するストレスだけでなく，高学年期の入り口に入る不安や緊張を抱いている時期でもあります。

子どもの前で夫婦間で相談するわけにはいかない→聞いてもらえる場がない→
個人懇談だ！→藁をもすがる想いで行ってみた！→教員側の一方的な話で終わり

なんてことになってしまったら，それこそ時間を奪う懇談以外の何物でもありません。話してくださるということはあなたへの信頼を示してくださっているということ。情報を提供するばかりがよい懇談とは限りません。情報を受け取る懇談も保護者にとっては実りある懇談となる場合があります。

〈時間を奪う懇談にならないポイント３つ〉

- 「具体」を意識した情報提供…知り得ない情報の提供で保護者の子ども理解がアップ
- 肯定的な評価話９割…褒められて嫌な気持ちがする保護者はいない
- 傾聴の姿勢…提供する情報が多ければ多いほどよい懇談会とは限らない

こちらにも配慮を

過度な緊張をもたれることも避けたいところです。扉を開いてから「どうぞおかけください」までの流れに保護者の緊張はピークに達します。流れのなかに「今日は暑いですね」「話に入る前に何なのですが○○さん今日ね……」等，少しの会話を挟まれるとよいでしょう。少しのことですがよいプロローグとなり，着席してからの話もスムーズにはじめることができますよ。

7・8月

レク　20分

お楽しみ会で使えるアクティビティ「みんなでつなげ！絵しりとりリレー」

ねらい 絵が得意な子も苦手な子も全員が参加できる，準備いらずで楽しい時間を過ごすことができるようにするため。

準備物 黒板，チョーク

津田二千翔

どんなレク？

絵しりとりは，絵を描きながらしりとりをしていくレクリエーションです。一般的に知られている絵しりとりは，しりとりになるように互いに絵を描き合っていきますが，しりとり中には話をしないことが多く，最後に答え合わせをして楽しむという遊び方です。その絵しりとりを学級全体で楽しむことができるようにオマージュしたレクリエーションが「みんなでつなげ！　絵しりとりリレー」です。

このレクリエーションは，学級を２分割にして対戦形式で行います。チームごとに黒板に絵を描く人，何の絵を描いているのかを当てる人に分かれます。何の絵なのかを当てる人は，絵を見て答えを予想し，発表します。描いている絵を当てることができれば，チームに１ポイントが入ります。チームにポイントが入れば，絵を描く人は次の人に交代します。次の人は，しりとりになるように前に続く絵を描いていきます。これを繰り返し，制限時間内に何個しりとりを進めることができるのかを競うレクリエーションです。

レクリエーションは，一度のゲームで４分間，各チームのチャレンジは二回ずつ，絵を描く人，描いている絵を当てる人をゲームの区切りごとに順番交代で行っていきます。最終は，チームの合計点で決着をつけます。

このレクリエーションは，しりとりをもとにしているので，前の絵の最後の文字，すなわち描こうとしている一文字目を全員が把握しています。ですから，描いている絵を当てる人にとっては答えを予想しやすくなります。このことから絵を描くことを苦手にしている子どもたちも気負わずに楽しむことができます。互いのチームにたくさんのポイントが入り，黒板に次々と子どもたちの絵が記されていくことによってレクリエーション自体も盛り上がっていきます。お楽しみ会にぴったりのレクリエーションです。

レクの流れ

❶ 今から二つのチーム，○○チームと△△チームに分けます。チームごとに分かれたら，先に絵を描くＡグループ，後に絵を描くＢグループとで二つに分かれておきましょう。

学級を二つのチームに分けたら，役割を分担するために，さらにそのチームをＡとＢの二つに分けます。レクリエーションをはじめる前に，子どもたちに自分の役割をしっかりと認識させておくことでレクリエーションがはじまったときにレクリエーションの進行がスムーズになります。

❷ １回戦目の準備をします。○○チームのＡの人は，１回戦目は絵を描く役割です。黒板前一列に並びましょう。○○チームのＢの人は，何を描いているのかを当てる役割です。何度間違っても大丈夫なのでどんどんチャレンジしていきましょう。△△チームは，○○チームの後にします。△△の人は○○チームを見守りながら待ちましょう。

絵を描く役割の人たちは，黒板の前に並ばせて，自分の順番がきたらすぐに絵を描きはじめられるようにします。何を描いているのかを当てる役割の人たちには，何度間違ってもよいということ，答えるときには挙手をせず，どんどん答えてよいことを伝えます。場の設定ができればゲームをスタートします。

❸ 制限時間は，４分間です。はじめは，しりとりの「り」からはじめましょう。ようい，スタート！

教師の合図とともに，一人目の子どもが絵を描きはじめます。同時に，何の絵を描いているのかを当てるチームが答えを言っていきます。正解であれば，どんどん次の子ども，次の子どもへとバトンパスをしていきます。ゲーム後には，「１回戦○○チーム，15ポイントです！拍手！」というように全員で拍手するようにします。

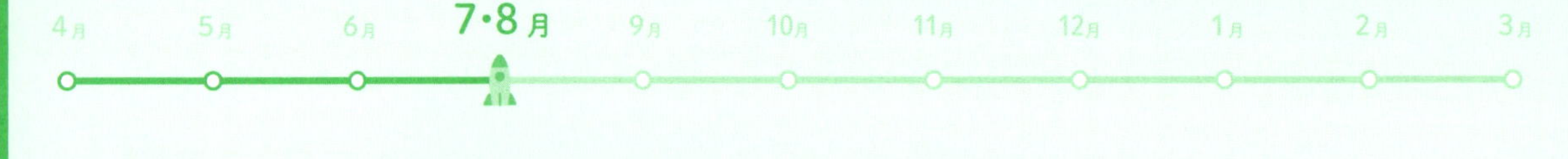

7・8月 通知表をつけるうえで心掛けたいこと

宮本真希子

学年で相談すること

絶対にズレてはいけないのは評定部分でしょう。通知表に反映するのはどの単元までか，何を評定の材料にするのか，評定の基準はどう決めるかなど，学年で細かく話し合う必要があります。直前になって，「そこまで授業が進まない」「それは評価をとってない」といったことが起こらないよう，4月のうちから大まかな評定の方法を共有しておくことをおすすめします。

その他，総合的な学習の時間，道徳，外国語活動，行動の記録なども，具体的に相談できていれば安心ですね。

所見に書くこと

その子のよさが一番よく伝わるように書くことを心掛けます。基本的には学習面で一つ，生活面で一つ，具体的なエピソードを交えながら記していきます。エピソードはその子の生き生きとした様子がイメージできるぐらい具体的に書きましょう。その様子のよさが伝わるよう一般化した文を添えれば，その子のための オリジナルの評価となります。

また，先輩先生の過去の所見や書籍の文例を参考にすることもおすすめです。素敵な文をお手本にしながら心のこもった所見に仕上げましょう。

〈記入例〉
理科「空気と水の性質」の学習では，様々なサイズの注射器を使って閉じこめた空気を縮める実験をし，圧し縮めた体積と圧し返す力の関係についてわかったことを図を使いわかりやすくまとめることができました。また，遊び係として毎週火曜日の昼休みには，クラス全員をまとめてみんな遊びを企画運営していました。

リコーダー奏がとても上手で，休み時間には友達と美しい音色で二重奏を楽しんだり，みんなが歌っている伴奏としてスラスラと演奏したりしていました。また，どの教科の学習も意欲的に取り組んでおり，発表の時には全員に考えが伝わるように内容をまとめて話すことができます。

前もって準備すること

新学期スタートから通知表をつける材料集めに意識を向ければ，７月になって焦ることはありません。毎日・毎週コツコツとネタを集め余裕をもって学期末を迎えましょう。

❶ テストの点数入力

テスト実施ごとに得点を Excel に入力してしまいましょう。平均点の算出もすれば，自分自身の指導のふり返りにもなり，得点が伸び悩む子への支援もすぐに行えます。

❷ テスト以外の評定材料集め

音楽，図工，体育，外国語活動，道徳はテストが少ないので，日々の評価が大切です。もちろん，国語，社会，算数，理科もテスト以外にどう評価するかを明確にすることが大切です。

❸ 所見のネタ集め

休み時間，給食，掃除の様子，友達とのかかわり，係や当番活動の働きぶりなど，生活面にかかわることはどんな小さなことでもメモをします。学習面に関しては，②での評価に加えて，授業の様子や作品に対する具体的な評価や印象もメモしておきます。ノートもふり返りが○なのか，考え方が○なのか，よい部分だけ○をつけておくだけでもその子の得意が見えてきます。

返却時に大切なこと

終業式という忙しい日ではありますが，１対１でがんばったことを伝えながらていねいに渡しましょう。ついつい悪かったところのみに子どもたちも目がいきがちです。評定だけが全てだと勘違いさせないために，通知表が示すのはあなたのほんの一部ですよということを伝え，次からのステップアップにつなげる声掛けをしていきましょう。

〈通知表に向けてのチェックリスト〉

□ペーパーテストの点数を入力する
□技能テストの評価をする
□作品の評価をする
□休み時間や掃除時間などの普段の様子をメモする
□係活動などの働きぶりをメモする
□授業の様子をメモする
□ノートの評価をする

9月

今月の見通し

希望のもてる２学期のスタートに！

若松　俊介

今月の見通し

学校行事

- 始業式…２学期のよりよいスタートを
- 運動会の準備（10月開催）…目標をもって取り組めるように

家庭との連携

- ２学期の学習と生活習慣について確認…夏休み明けの生活リズムや学習態度について，保護者と連携しながら支援

学年・学級

- 学級活動の再開…１学期と２学期をつなぐ
- 運動会練習…かかわり合いながら共に成長できるように

他

- 生活リズムの調整…長期休暇後，早寝早起き等の声掛け
- 台風シーズンへの備え…防災対策，緊急時体制の確認

　９月，長い夏休みを終えて，子どもたちは様々な気持ちを抱えながら新学期を迎えます。休みが明けたばかりで，「もう少し休みたかったな」と思う子もいれば，逆に「学校が楽しみだな，早く２学期がはじまってほしいな」と感じていた子もいるでしょう。子どもたちの思いは本当に様々です。

　２学期は一年間のなかで最も長い学期です。だからこそ，しっかりと準備をして迎えたいものです。まずは，子どもたち一人一人がスムーズに学校生活に戻れるようにしたうえで，子どもたちが２学期に希望をもてるようにします。「最も長い学期」に希望をもてるような９月のスタートにしましょう。

２学期に希望をもてるようにする

❶「教師の願い」を押しつけない

夏休みの間に研修を受けたり，教育書を読んだりして勉強をされた先生が多いかもしれません。１学期の反省を生かし，「もっとこんなことをしよう」「こんな実践を試してみたい」「２学期はもっとよりよい学級経営がしたい」と新たな計画を立てていることでしょう。子どもたちのために，自身の成長のために学び続けられる先生はとても素敵です。

しかし，子どもたちにとっては，そのような先生の願いや思いは知ったことではありません。子どもたちにとって９月は，単なる「夏休みの終わり」「２学期のはじまり」でしかありません。「教師の願い」「教師がやりたいこと」を一方的に押し付けるだけでは，子どもたちは疲れてしまいます。そこにズレが起こらないように，２学期はじまりにおける自身の在り方を見つめ直したいものです。

❷ 子どもたち自身が希望をもてるようにする

２学期には，運動会や音楽発表会など，多くの学校で様々な行事が予定されています。これらの行事について子どもたちがイメージできるようにしたうえで，一緒に「こんなことをしたい」「こんな活動に挑戦してみたい」と話し合い，２学期の見通しを共有することができるようにするといいでしょう。その際には，子どもたちが自分のなかで楽しみを見つけられるようにします。

子どもたちが２学期を楽しみに感じられるようにするためには，子どもたちの意見やアイデアを積極的に取り入れることが重要です。「２学期にはどんなことができるようになりたい？」「２学期はどんなことをしてみたい？」と問いかけて，子どもたちが考えられるようにします。子どもたちから出てきた「〇〇したい」を実現するための計画を一緒に考える機会をつくることで，子どもたちが一つ一つの活動について希望をもてるようにします。

子どもたちと一緒になって２学期をスタートする

子どもたちと共に２学期を見通し，楽しみなことを見つけられるようにすることで，子どもたちは新学期のスタートをポジティブに捉えることができるでしょう。教師と子どもたちとで思いや願いがズレやすい時期だからこそ，「子どもたちと一緒になって」という視点を常に忘れないようにします。

その際，１学期末に考えた「２学期は〇〇をしたい」「２学期は△△ができるようになりたい」を思い出せるようにします。１学期末と２学期はじめをつなぐ機会をつくることで，子どもたち自身が１学期からのつながりを感じながら２学期をスタートさせることができるでしょう。１学期の学びや成長が生かされ，大事にされる９月を過ごしたいものです。

【参考文献】
- 若松俊介著『教師のいらない学級のつくり方』明治図書
- 若松俊介，樋口綾香編著『イラストで見る全活動・全行事の学級経営のすべて 小学校４年』東洋館出版社

4月 5月 6月 7・8月 **9月** 10月 11月 12月 1月 2月 3月

9月 「恥ずかしい」が「観に来てほしい」に変わる運動会に

日野　英之

周囲の目を気にする子も「観に来てほしい」と願う運動会に

まだまだ行事の様子を保護者に観に来てほしい４年生段階の子どもたち。数週間の練習を積み重ねて迎える運動会は，より一層「がんばってきた私の姿を見てね～」感は強まることでしょう。一方で，周囲の目を気にしはじめる時期でもあり，運動が苦手な子どもにとっては「恥ずかしい」という気持ちを抱え，運動会当日を迎えることも。運動の得意な子どもも苦手な子どもも，どんな子どもも「観に来てほしい」と思う運動会にするにはどのような点に配慮すればよいのでしょうか。

実現に向けてここがポイント！

できないことが“恥ずかしい”，負けることが“恥ずかしい”。ましてや「できない姿」や「負ける姿」を見られるなんてより一層恥ずかしい。短期間の練習でできなかったことができるようになったということを実現できる子どもは，そんなに多くはいません。多くの子どもたちは努力したことが叶わぬまま終わってしまいます。放っておけば「観に来てほしい～！」と願う子どもが少ない運動会となってしまいます。次にお示しする種目毎のポイントをおさえて取り組まれることで，どんな子どもも「観に来てほしい」と思う運動会となることでしょう。

❶ 徒競走

何かと使われる場面が多い背の順の隊形。子どもたちも並び慣れているので，ついつい徒競走も背の順で……という学校は少なくないでしょう。

３年生までならば，足の速さに違いがあっても，走る距離の短かさ（多くが直線50m）で，差が目立つことはありませんでした。ところが，４年生にもなると運動場１周，距離にして80m～100mといった学校がぐっと増えます。これまで目立たなかった差が，距離が延びることで，カーブが入ることで，大きく目立つようになります。走ることが苦手な子どもにとっては，「観に来て欲しくない」と思う徒競走となってしまいます。そこで，次のような工夫を施し，子どもたちが周囲の目を気にしない徒競走にしましょう！

- 背の順ではなく，タイム近似値順でどの子どもにも１着になる希望をもたせる
- カーブとせず，低学年に続きコースを直線とする

❷ 団体競技

一人や二人で行う下図のような折り返しリレーだと，個々の走力差・技能差がクローズアップされ，「誰が」失敗した・「誰が」遅かった等，個人批判が生まれかねません。そこで団体競技では個々がクローズアップされないような工夫が必要です。

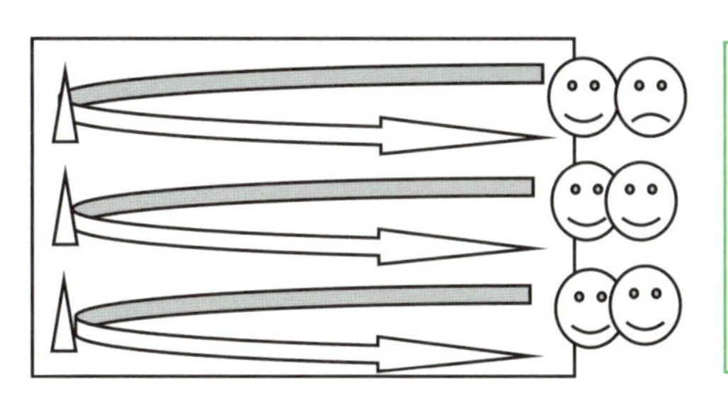

〈左図の主な折り返し系種目〉

- 台風の目
- デカパン競走
- スプーン運び

〈４年生おすすめ団体競技〉

- おいかけ玉入れ
- 棒倒し
- 綱引き

上記右のおすすめ団体競技に取り上げた種目は，いずれも個人に目がいかず，かつ集団に紛れてしまうので，個々がゲームの勝敗にそれほど影響することはありません。観客の目が個々にいかないような競技を設定し，どの子どもも楽しく参加できる種目を設定しましょう。

❸ 団体演技

４年生だ！　３年生との違いを見せ，高学年により近い演技を！　と意気込んで取り組まれる教員も少なくないでしょう。技能レベルをより高いものに設定し，かっこいい技のオンパレード……といっても練習時間には限りがあります。また，熱中症や時数減少の影響もあり，指導時間も短縮傾向にあります。一生懸命に取り組んでいてもできないまま終わってしまう子どもも。そこで，技のレベルは観たらわかる範囲のもの（振る，回す，ジャンプ等）にし，タイミングを揃えることで迫力を，前後のタイミングをずらすことで美しさを演出することで“映える”団体演技にしましょう。

4月 5月 6月 7・8月 9月 10月 11月 12月 1月 2月 3月

9月 子どもの不安を払拭する長期休み明けの心掛け

金田　明莉

生活リズムを戻そう

長期休み明け，子どもたちは通常の生活リズムに戻っていません。まずは，「生活リズムを戻すこと」を大事にしましょう。

〈生活リズムを戻すために大事なポイント〉
□１日の流れを可視化　→　子どもの不安な気持ちを払拭！
□保護者との連携　　　→　発信を大事に！

まず行いたいことは，「子どもの不安な気持ちを払拭すること」です。学期のスタートで子どもが抱える不安は，「先を見通すことができない」ことが大きな要因の一つです。見通しをもたせることができるように詳しく可視化します。一日の予定をホワイトボードに記入し，わかりやすく掲示してみましょう。その日だけでなく，次の日の予定を知ることができればさらに見通しをもたせることができます。

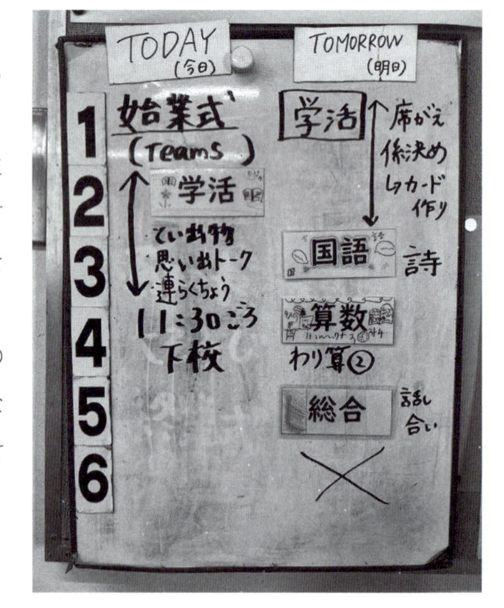

次に保護者との連携です。１日目の様子を見て気になる子どもがいたら，夏休み中の様子について電話するのもいいですね。保護者の方に「先生はうちの子をよく見てくれている」と思ってもらえれば幸いです。また，子どもたちの生活リズムを戻すには保護者との連携が不可欠です。学校ホームページや学級だよりなどを通して，「早寝早起き朝ごはん」を再度呼びかけて，保護者に伝え，連携できるようにしましょう。

席替えをするうえで気をつけること

長期休み明けに必ずするのが席替え。心機一転，多くのクラスで行うのではないでしょうか。席替えをするうえで気をつけたいことを紹介します。

❶ 配慮事項に気をつける

ここでいう配慮事項は「身体的事項」です。例えば，視力が悪い子どもの場合は前の席にします。気をつけたい「身体的事項」は視力だけではありません。利き手も「身体的事項」の一つといえるでしょう。二つ席を並べている席の場合，右利きと左利きの子どもがいた際，左利きの子どもは左側に来るようにしましょう。右利きの子どもが左側にくると，利き手同士がぶつかってしまう可能性があります。子どもの「学びへの障壁」を少しでも取り除けるようにしましょう。

❷ スムーズに学習できるか気をつける

子どもたち同士の人間関係が主ですが，グループ活動やペア活動をするうえでコミュニケーションを円滑にできるかどうかが大事です。授業中に私語ではなく，話合い活動が円滑に進むような人間関係になるようにしましょう。そのためには子どもたちのことをよくみて，たくさん話しかけにいくようにしましょう。

長期休み明け注意したいこと

家庭によって夏休みの過ごし方は多様です。たくさん旅行に行った家庭もあれば，保護者の方の仕事の都合などでほとんど出かけられなかった家庭もあるでしょう。子どもたちと夏の思い出の話をするなら，様々な過ごし方をした家庭があることに配慮しながらするようにしましょう。

9月

レク　15分

夏休みをふり返るアクティビティ「先生からのメッセージを解読せよ」

ねらい　２学期のスタートに，教師から子どもたち一人一人が大切であるというメッセージを渡すとともに，学級の仲間と協働して完成させる達成感を感じさせるため。

準備物　はがきサイズのメッセージカード（学級の人数分）

津田二千翔

どんなレク？

子どもたち一人一人が持っているメッセージカードに書かれている文字を合わせて言葉をつくり，みんなで先生からのメッセージを解読するレクリエーションです。

学期はじめのレクリエーションということで，学級として誰一人として欠けてはいけない，一人一人が大切な存在であることを活動のなかで伝えていく目的をもってレクリエーションを行います。

その方法としては，右のように三十五人の学級であれば，三十五文字で教師からの学級全体へのメッセージを考えます。はがきサイズの紙を35枚用意し，先ほど考えた三十五文字のメッセージを１枚に一文字ずつ書いていきます。次に一人一人に向けて担任から２学期もがんばろうという趣旨のメッセージを書きます。その紙を２学期の始業式まで（教室に子どもたちがいないとき）に，子どもたちの机の下や，椅子の下等，子どもたちが発見しにくいであろう場所に隠しておきます。

以降は活動の流れをご参照ください。

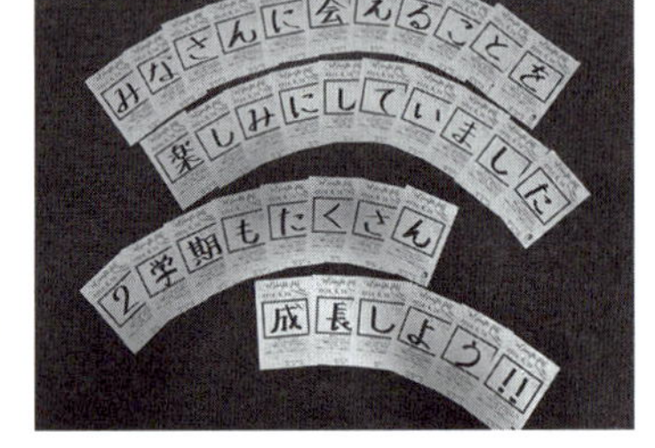

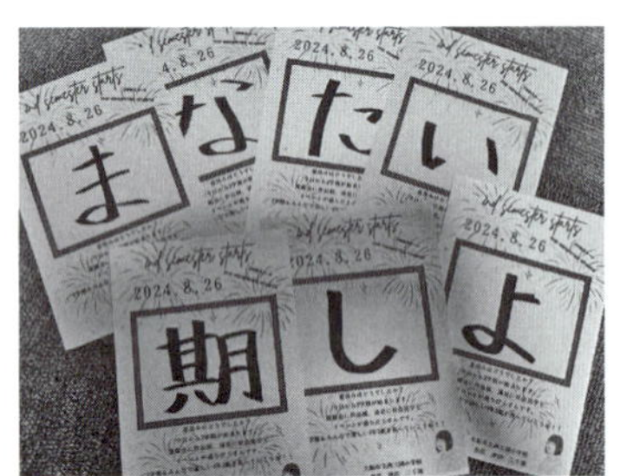

メッセージカード作成例

このレクリエーションでは，クラス全員の文字がそろって一つのメッセージとなるので，誰か一人でも欠けてしまうと教師からのメッセージを解読することができません。さらに，教師からのメッセージを解読するために，子どもたちは必ずコミュニケーションをとって学級全体で協力することが必要になります。このように，一人一人の文字が合わさってできるメッセージを学級の仲間と助け合いながら解読した経験は，子どもたちにとってかけがえのない思い出となります。

全員の文字を集め，教師からのメッセージを解読できたら，集合写真を撮り学級だより等を通して，レクリエーションの様子を保護者に伝えます。

レクの流れ

❶ みなさんの机の周りに先生からのメッセージカードを隠しています。机の周りを探してみましょう。

２学期の始業式の日に行うレクリエーションを想定しています。２学期の学級開きと言い換えてもよいこの日は，４月同様に，活動にON/OFFをつけることが大切です。レクリエーションをはじめる前に，教師から真剣なまなざしで２学期に大切にしたいことなどの話をします。その後に，「最後にみなさんにもう一つ伝えたいことがあります」と言い，レクリエーションをスタートします。自分が座っている場所にメッセージカードが隠されていると知った子どもたちは，とても興奮して，真剣な表情から一気にワクワクとした表情へと変わります。

❷ 全員の文字をつなぎ合わせると先生からのメッセージが完成します。それぞれのカードを組み合わせて，メッセージを解読しましょう。

子どもたちに教室内を自由に動き回ってもよいということを伝えます。教師は，教室内を見渡しながら，友達とのかかわりの様子に大きな変化がある子はいないか，元気がなく，暗い顔をしている子はいないかなど夏休み明けの子どもたちの様子をじっくりと観察しながらレクリエーションを進めます。ある程度時間が経ったら，徐々にヒントを出していきます。例えば，カードに共通のイラストを仕込んでおき，「紙に書かれているイラストに何かヒントがあるかもね」などのようにヒントを出すと，子どもたちはヒントを手掛かりにさらにコミュニケーションを図りながら活動します。

❸ みんなで集合写真を撮りましょう。

子どもたちを集めて，教師のメッセージの意図を伝えます。そして，そのメッセージを持ちながら集合写真を撮ります。このレクリエーションを通して，新学期に不安になっている子どもたちが友達と会話をするきっかけとすることができたり，新たな人間関係をつくる一助にしたりすることができます。また，このレクリエーションでは，メッセージカードを通して教師の一人一人への思いを伝えることができます。集合写真を学級だよりに掲載することにより，保護者の方にも安心して２学期のスタートにしてもらうことができます。

※このレクリエーションは，松森靖行先生の実践を参考にしています。

4月 5月 6月 7・8月 9月 10月 11月 12月 1月 2月 3月

9月 「いつもと違う」に気づくための見取りと対応（不登校対応）

宮本真希子

 不登校の現状

文部科学省の調査によると，令和４年度の小学４年の不登校児童数は18373人で，令和２年度に比べると7000人も増加しています。違う視点で見てみると，令和２年度の２年生は不登校児童数が5335人なので，同じ学年集団を見ると二年間で３倍もの子どもが不登校になっていることがわかります。

また，小学生全体の不登校の要因として最も多いのは「無気力，不安」で50.9％，続いて「生活リズムの乱れ，あそび，非行」で12.6％，そして「親子の関わり方」の12.1％です。学校に係る要因としては，「いじめを除く友人関係をめぐる問題」の6.6％と，「学業の不振」の3.2％が上位を占めています。いじめが原因にあるのは0.3％（318人）だそうです。

しかし，学校に係る要因が少ないからと安心してはいけません。生活範囲の狭い子どもたちが，学校，家庭，地域，習い事以外に知っている世界はなかなかありません。不登校の99.7％がいじめ以外に原因があるのであれば，子どもの生活する世界が心満たされていれば子どもたちが「無気力，不安」になることは減るのではないでしょうか。

 不登校になる前に

子どもたち一人一人の心が満たされる学級づくりと，担任として小さな変化を見落とさない目を養うことが大切です。「いつもと違う」ことに気づけるということは，普段がどんな様子であるかを知っているということです。子どもたち一人一人の「いつも」を知ること・感じることを積み重ねていきましょう。例え発熱などの体調不良でも二日以上連続欠席であれば，家庭に連絡を取り，子どもの様子を伺うのがよいでしょう。感染症などの欠席も，出席前日には電話連絡し，会えることを楽しみにしていると伝えるとよいでしょう。

規則正しく遅刻なく登校する力はとても大切なことです。しかし，家庭環境や体調面で登校時間に間に合わない子もいるでしょう。例え遅刻だとしても，登校が午後からだろうと，「よくきたね」と笑顔で迎え入れる柔軟さも不登校防止につながります。

★ 対応方法

学級の子どもと保護者の対応をするのはもちろん学級担任です。しかし，子どもたちの状況は複数で把握しておく必要があります。学級の様子については，学年で細かく共有しましょう。決してかしこまる必要はありません。職員室での雑談のなかで今日の様子を共有できればいいですね。出欠・遅刻の続く子どもの状況については養護教諭や管理職にも伝えておくと安心です。また，普段から，トラブルや人間関係，保護者のことなど，気になることは学年で共有しておきます。

「今日，休み時間の度にドッジボール遊びのメンバーがケンカして帰ってきたんですよ」

「２組の〇〇さん，今日はどの休み時間も１組に遊びに来ていましたよ」

「今日は全体的にダラダラしていたから，毎時間，注意ばかりしてしまいました」

「〇〇さん，インフルエンザで来週火曜までお休みだそうです」

「先週から三日連続で〇〇さん腹痛で遅刻しています。給食はしっかり食べていますが……」

など，細かいことも伝え合いましょう。

場合によっては生活指導部や学校全体に伝え，必要に応じて関係機関との連携も視野に入れておきましょう。

〈チェックリスト〉

□毎日子どもの様子をよく見ていますか？（週に一回程度様子をメモしていますか？）
□子どもと話をしていますか？
□連続で欠席した家庭には連絡を入れていますか？
□欠席や遅刻が気になる子はその傾向を把握していますか？
□少しでも気になったことは学年で共有していますか？
□トラブルや気になる事象は学年と相談後，管理職に報告していますか？
□特別な対応が必要な場合は，全教職員に共有していますか？

【参考文献】
● 文部科学省「令和４年度児童生徒の問題行動・不登校等生徒指導上の諸課題に関する調査結果」

10月

今月の見通し

一年の折り返し，前半をふり返って後半につなごう！

若松　俊介

今月の見通し

学校行事

- 運動会（10月開催）…練習の成果を出せるように

学年・学級

- 運動会…クラス団結の機会に
- 一年の折り返し…前半でのふり返りを後半に活かせるように

家庭との連携

- 運動会本番に向けて…本番に向けた活動の様子や当日の取り組みについて情報共有

他

- 体力の低下に注意…季節の変わり目，体調管理を意識できるように

10月になりました。「やっと10月になった」と感じる先生もいれば，「もう10月なのか」と感じる先生もいるでしょう。前半期間での子どもたちとの過ごし方や経験によって，その感じる内容に違いがあって当然です。どちらにしても，「一年の折り返し」と捉えることで，これまでの積み重ねをふり返ったり，これからの毎日を見通したりすることができます。

「10月」「一年の折り返し」について，様々な思いがあるでしょう。この時期を何となく過ごすのではなく，前半期間での学びや成長を後半期間へとつなげられるような１か月にしたいものです。

前半期間と後半期間をつなぐ

❶「つなぐ」を意識することができるようにする

p.108に書いたように，９月のスタートは無事に切れたでしょうか。１学期と２学期をうまくつなげられていますか。学級経営では，様々な機会に「つなぐ」という意識が大切になります。今回も前半期間と後半期間を「つなぐ」ために，これまでの学期をふり返り，進んできた

道を確認しましょう。

子どもたちには，「ここ（10月）が折り返し地点だ」と伝え，これまでの過ごし方や学び，成長についてふり返る機会をつくります。教師だけでなく，子どもたち自身が「つなぐ」意識をもたなければ，「これまで（10月まで）」と「これから（10月から）」は実際にはつながりません。様々な場面で「折り返し地点」ということを意識できるようしていきましょう。

❷ ふり返る視点をつくる

その際，「４月の自分（たち）」としっかり比較できるようにします。もちろん，まだ「できていないこと」や「うまくいっていないこと」が多いかもしれませんが，「４月の自分（たち）」と比べると「できるようになったこと」や「うまくいっていること」が増えているはずです。まずは教師自身がその成長を見つけたうえで，子どもたち自身もそれを見つけられるように支援します。

「何となくふり返る」のではなく，「４月の自分（たち）と比べて」という具体的な視点でふり返ることができるようにすることで，子どもたちはその成長を実感し，成長に至る過程に目を向けやすくなります。授業中や係活動，当番活動など，様々な場面でそのような機会をつくることができるでしょう。

★ 後半期間の過ごし方についても目を向けられるようにする

また，ふり返るだけでなく，「後半期間をどのように過ごしたいか」についても考えられるようにします。「自分（たち）のこれまで」をふり返ったからこそ，その成長を確かに感じることができているでしょう。そのうえで，「次にどんな一歩を踏み出したいか」や「４年生の終わりにはどのような姿になっていたいか」を，子どもたち自身が主体的に考えられるようにします。

授業や係活動，当番活動など，様々な場面で，この視点を意識できるようにすることが重要です。「改まって考える機会をつくる」「一時間しっかりとこうした時間をつくる」とならなくても構いません。自然とふり返ったり，次に向けて考えられたりする機会をつくるといいでしょう。こうすることで，子どもたちが残りの日々で大切にしたいことを自分たちで見つけられるようになります。その姿を教師として支えられるようにします。

【参考文献】

- 若松俊介著『教師のいらない学級のつくり方』明治図書
- 若松俊介，樋口綾香編著『イラストで見る全活動・全行事の学級経営のすべて 小学校４年』東洋館出版社

10月 個から友達とのかかわりへと社会性を学ぶ秋の遠足

日野　英之

秋の遠足は子どもの「素」を見取る，うってつけの場

４年生。低学年期に比べると放課後や休みの日に友達と過ごす時間が一気に増えてきます。「友達と過ごす時間が増える＝トラブルの機会が増える」。校外でのトラブルが原因で元気をなくしている，悩んでいる子どもがいます。担任の知らない間に変わっている人間関係があります。遠足という心も体も解放される行事では，子どもの「素」の姿が現れやすいものです。秋の遠足を子どもの「素」を捉える場とし，後半戦の学級づくりの策略を練る際の手掛かりにしましょう。

観るポイントは三つ

４年生ともなると，これまで意識が「個」に向きがちであった面が「友達」の方に向きはじめます。友達関係がより重要となり，友達とのかかわりを通して社会性を学んでいきます。

一方で，友達の重要度が増すがゆえに人間関係が一気に複雑化してくるのもこの時期です。学校生活では見られない人間関係が，外に出た解放感とともに如実に見られるタイミング，ポイントがあります。

❶ 遠足前

これまではバスの座席や活動時におけるグループ等は教師が主導で進めてきました。人間関係がより複雑化する４年生。もめ事やトラブルが起きないようにと躍起になってより「教師主導で進めていかなければ！」となってしまいがちです。逆です。人間関係が複雑化してきたからこそ，座席やグループは「子ども主体」で進めていきましょう。子どもに任せることで，素の人間関係や人間性を客観的にじっくりと観察することができます。

- **普段はあまりかかわらないＡさんとＢさんが同じグループになっている（人間関係）**
- **Ｃさんは意外と周りの状況を見て，誰とでもグループを組むことができる（人間性）**

また，もめ事がおきないようにと教師が見えていないにもかかわらず，見えているつもりでグループや座席を決めてしまうことで，より大きなもめ事を招く可能性もあります。思い切って子どもに託す覚悟と勇気をもつことも時には必要です。

❷ 自由時間

こちらも❶と同じ視点です。人間関係が複雑化してきているからこそ，遠足当日のプログラムをがんじがらめで固定し，教師の掌で子どもたちを転がそうとすると余計にトラブルがこじれてしまう可能性があります。また子どもたちの「素」の姿を把握することが難しくなります。全ての行程をフリーにしましょう！　とまでは言いませんが，一部にフリー活動を取り入れ，子どもの素の姿・素の関係性をしっかりと見取るようにしましょう。

〈動物園での１日の流れ（例）〉

9：00　学校発
10：00　動物園着
10：00～11：30　ワーク（グループ）
12：00　昼食（フリー）
12：45～14：00　併設遊園地（フリー）

❸ 出発前と出発後の様子

同僚と学校の外で接する場があると，職場で見せる顔とは違いすごく接しやすい方だなぁと感じたり，周囲にすごく気を遣われる方なんだなぁと感じたりし，もっていた印象ががらりと変わることがあることでしょう。子どもも同じです。遠足という非日常体験を通して，普段と異なる友達の一面に触れ，新たな人間関係が構築されている可能性があります。新たなつながりや関係性ができたことは喜ばしいことではありますが，一方で新たなつながりや関係性ができたことによって学級の雰囲気が変わることもあります。遠足前後の関係性についてはしっかりと掴んでおきましょう。

こちらにも配慮を

４年生では３年生に比べて「子どもが決める・子どもが選択する場面」の導入をすすめてきました。「子どもが決める・子どもが選択する場面」を設定することでより教師の責任は大きなものとなります。自由だからこそ起きそうな事象をしっかりと想定するとともに，事象に対する対応策（一人ぼっちになる可能性のあの子への対応，なかなかグループが決まらない際の手立て等）についても具体的に計画を立てておきましょう。

10月

レク　10分

子ども同士をつなぐアクティビティ「カードを使ってお話しよう」

ねらい 友達と話す，友達の意見を聞くなどの対話の基礎を習得させ，対話を楽しみながら子どもたち同士をつないでいくため。

準備物 お話カード

津田二千翔

どんなレク？

４人から５人の班で行うレクリエーションです。円になり，班で物語を創作していくレクリエーションです。このレクリエーションでは，「お話カード」というカードを用いて行います。

レクリエーションをするために教師は，お話カードを作成する必要があります。お話カードの作成方法として，まずは，カード１枚ずつに話と話を“つなぐ言葉”（「ところが」「しばらくして」「そんなときこそ」など）を書きます。このつなぐ言葉は教師たちが自由に考えて作成します。

このお話カードを利用して，子どもたちは物語を創作していきます。普段話すことが苦手な子どもたちにとっても，お話カードがあることで，話しはじめのきっかけをつくることができ話しやすくなったり，話に偶然性が生まれみんなで笑いあったりすることができます。

教室でレクリエーションをする際には，教師が示したお題をスタートにして，話の創作を進めていきます。子どもたちは，これまでに話し合っている内容をふまえて，自分のカードに書かれたつなぐ言葉につながるように物語の続きを考えます。班で偶然に出来上がる物語を楽しみながら，相手の話をしっかりと聞くこと，自分も話し手になるのだということなど対話をするための基礎の力を培うことができます。４年生になると男女の関係を意識し出す時期でもありますが，このレクリエーションでは，男女分け隔てなく対話を楽しむことがポイントです。

※このレクリエーションは，「カタルタ」のカードセットを使ったレクリエーションのオマージュです。

お話カード作成例

レクの流れ

❶ 今から三つ指示をします。一つ目，先生のところにカードを取りに来て，班のメンバーに同じ数ずつ配ります。二つ目，班で話をする順番を決めます。三つ目，カードを置いて静かに前を向きます。この三つを３分以内にしましょう。ようい，スタート。

はじめに全員で同じ枚数ずつカードを配っていきます。自分の手元にあるカードは見ないようにして混ぜ，つなぐ言葉が書かれている面を下向きにして机の上に置くように子どもたちに指示をします。加えて，お話をする順番を決めるなど，レクリエーションを進めるための基本的な準備をします。最後に，どのような状態で待つのかということまでを指示をし，子どもたちに見通しをもちながら行動させるようにします。

カードを教師のもとに取りに来る人，カードを混ぜる人，カードを配る人など，学級の実態に応じて教師があらかじめ役割分担を伝えておくと準備までがスムーズにできます。

❷ お題をみんなで言いましょう。

教師が子どもたちにお題を発表します。このときに発表するお題は，子どもたちにとって身近でありわかりやすいものがよいです。例えば，有名なハンバーガーのチェーン店のマクドナルドとモスバーガーをお題にしたとします。教師は，お題「今日のお昼ご飯をマクドナルドに行くかモスバーガーに行くか迷っている」と書かれた紙を子どもたちに表示します。子どもたちは，そのお題が書かれた紙を見ながら，班全員で読み上げます。その後，先ほど決めた順番でつなぐ言葉に従いながら班で話を創作していきます。

お題をみんなで言うことで，教師としては全員のレクリエーションのスタートを確認することができ，また子どもたちにとっては一体感を感じながら話を創作していくことができます。

Ａ「あるいは」キングバーガーにいこう　　Ｂ「せめて」ポテトは食べたい

Ｃ「結局」わたしはマクドナルドにいった

Ｄ「ところが」ポテトは売り切れで買えなかった　　Ａ「しばらくして」…　　（続く）

❸ 班でどのような話になったのかを共有しあいましょう。

班ごとにどのような話になったのかを全体共有させます。同じお題でスタートしたにもかかわらず，各班それぞれに異なった話をしていることに気付かせ，それらの違いを学級全体で楽しみます。

10月 保護者への電話対応

宮本真希子

保護者対応の基本

保護者との関係づくりとしての大前提としては，子どもの幸せと成長のために同じ方向を向いて力を合わせていくということです。普段はお互いを信頼して，こと細かに連絡を取り合うことはないでしょう。しかし，保護者も教師も協力が必要なとき，もしくは心配なことや困っていることがあるときに，相手に連絡をしようと考えるものです。そのため，「連絡をする＝ネガティブな話」になりやすいのも事実です。すれ違いが起きないためにも，保護者対応は一つ一つていねいに行いましょう。また，「連絡がない＝不安や困り感がない」と決めつけてしまわないことも大切な心構えです。

保護者からの連絡を活用

保護者からの連絡を活用して，その子のがんばっているところや楽しんでいる様子を伝えてみましょう。４年生は，人間関係が少し複雑になり，家庭で学校の話をする機会が減ってくる時期でもあります。「学校の話はあまりしなくて……」という保護者の声もよく聞きます。

授業中にがんばって学習する様子や休み時間の様子など，活動の場面が想像できるような簡単なエピソードを伝えられるといいですね。機会を見つけてどんどん伝えていきましょう。

連絡帳対応と電話対応

〈連絡帳の場合〉

保護者からいつどんな連絡が書かれているかわかりません。連絡帳のチェックはできるだけ朝の早いうちにしておきましょう。以下の点を心掛けておきます。

❶共有するレベルを判断する

内容によっては，学年や管理職に判断を仰ぐ必要があるかもしれません。どこまで共有するべきかの判断が難しい場合は，連絡帳を確認してすぐに学年主任に相談しましょう。

❷コピーをとっておく（保管法に注意）

連絡帳への返事を記入した後，コピーをとって保管しておきましょう。どのような対応をしたかを学年や管理職に伝えるときにも役立ちます。また，放課後や後日に改めて話をする場合にも参考資料として活用できます。

❸その日のうちにアクションを

保護者からの連絡帳の記載に対して何も書かずに返却することが，一番の不信感につながります。時間がなくても「ご連絡ありがとうございます。本日○時ごろに電話でお話しさせてください」などの一筆をくわえておきましょう。

〈電話の場合〉

電話連絡の場合は，内容をそのときに初めて知ることになり，余裕をもって対応することが難しいこともあります。以下の点を心掛けておきます。

❶メモを取る

何より「聞く」姿勢が大切です。何に不安感や困り感があるのか，何を伝えたいと思っているのかを聞き取ります。保護者が話している内容を繰り返しながら正しく聞き取り，後で内容を整理するためにもメモは必須です。

❷最後にはお礼を

たとえ自分にとっては耳の痛い話だったとしても，「お電話いただきありがとうございました。私としてもお話の中でいろいろと考えることができました」などと伝え，よい終わり方ができるようにしましょう。もしかしたら，保護者もとても勇気を出して電話をしてきているかもしれません。「先生に嫌われたかな」などと思わせない心遣いも大切です。

11月

今月の見通し

子どもたちの関係を今一度見つめ直そう！

若松　俊介

今月の見通し

学校行事
- 秋の遠足…子どもたちの学習とつなげた機会にする

家庭との連携
- 授業参観…子どもたちが輝く授業を
- 学級懇談…学級の変化，成長をつたえる

学年・学級
- 秋の遠足…学年で楽しい思い出をつくる
- 揺れ動く時期…「魔の」「危機」にしない

他
- 学級閉鎖が起こりがち…手洗いうがいの喚起
- 心のケア…かかわりを増やして，子どもたちの不安を解消

11月の学級経営については，いろいろな呼ばれ方があります。「11月の危機（クライシス）」「魔の11月」と，それぞれに呼ばれる理由があるのでしょう。６月の場合（p.90参照）と同じです。「なぜこのように呼ばれているのか」とその原因を探ることで，子どもたちとのよりよい過ごし方を考えられるでしょう。

一年間の後半になって，子どもたち同士の関係性をきちんと見られていないのであれば，まずはそこに注目しましょう。子どもたちとの毎日に慣れてきたからといって，「何となく過ごす」のではなく，改めて「子どもたち同士の関係」をきちんと見直す必要があります。気づいたら新しいグループができていたり，孤立している子がいたり……と，様々な状況が生まれているかもしれません。

★子どもたち同士の関係を見つめ直す

❶子どもたちのことを改めて「見つめる」意識をもつ

まずは日常生活のあらゆる場面で，子どもたち同士の関係を見つめ直します。４月や５月に大事にしていたこと（p.68等参照）を思い出すようにします。休み時間や５分休憩，学習，係活動など，様々な場面で子どもたち同士の関係性を見ていくことが大切です。意識して見ることで，これまで気づかなかったことが見えてくるでしょう。

「11月の危機（クライシス）」が本当の危機になる前に，まずは教師にできることがたくさんあります。一日で子どもたち同士の関係性の全てを見ることはできないからこそ，毎日コツコツといろんな姿を見ていけるようにします。

❷ 視点をもって，子どもたち同士の関係性を見つめる

「子どもたち同士の関係性を見つめ直すことが大切だ」と言っても，子どもたちのことを「何となく」見つめていても大事なことは見えてきません。「４月との変化は何か」「一人になってしまっている子はいないか」「閉鎖的なグループ化は起きていないか」「グループ内の力関係がどうなっているか」……と，視点をもって子どもたち同士の関係を見られるようにします。

こうした視点をもたなければ，「これまでと同じように見えてしまう」のです。「11月」に様々な危機的な言葉が使われていることの意味を見つめ直し，「子どもたちの間に何が起きているか」という問いをもって，その視点を増やしていきたいものです。

子どもたちの関係性をていねいに構築する

現在の子どもたち同士の関係性が見えてきたら，そこから浮かび上がる課題やうまくいっていないことを解決できるようにします。「一人になってしまっている」「６月から，○○さんと△△さんの関係が少しずつズレていってしまっている」など，様々な状況が見られたことでしょう。４月とはまた違った課題のはずです。

そこで，４月とはまた異なる新たな関係性づくりを意識するとよいでしょう。係活動や日常生活だけでなく，授業を通して子どもたちのなかに様々な広がりが生まれるようにします。関係性が固定されているからこそ，授業の場などを活かして，その関係性を少しずつ広げていけるようにします。

この11月に子どもたち同士の関係性がていねいに構築されると，12月，１月，２月と残りの学期もお互いに気持ちよく過ごしやすくなります。教師として，絶えず子どもたちの成長を見守り，支える姿勢を大切にしましょう。

【参考文献】
- 若松俊介著『教師のいらない学級のつくり方』明治図書
- 若松俊介，樋口綾香編著『イラストで見る全活動・全行事の学級経営のすべて 小学校４年』東洋館出版社

11月 「他者意識」が発達した4年生ならではの芸術発表会

日野　英之

社会科・理科を題材とした4年生ならではの舞台に

4年生にもなると，上級生として下の学年の子どもたちをサポートする場面が増えてきます。また，クラブ活動もはじまり，高学年とかかわる場面がより一層増えてきます。「他者意識」が発達し，他者との比較意識が強まる時分です。

そんな発達段階の4年生。中学年から学習がはじまる社会科や理科を中心として，学習した発表の場として取り組まれるとよいでしょう。「ごみ・水問題」「地域に咲く草花・山・川」等をSDGsの観点から舞台（劇）で発表するのはいかがでしょうか。

環境をもとにした絵本や脚本は多く作成されており，下記に示したものが4年生期の劇にはおすすめです。

〈4年生劇（舞台）のおすすめ題材〉

- 『ペンギンかぞくのおひっこし』（刀根里衣作）…地球温暖化問題
- 『もったいないばあさん』（真珠まりこ著）…気候変動・食料不足問題
- 『地球の秘密』（坪田愛華作）…公害・自然破壊問題　※作者が子どもたちと同じ小学生

指導の流れ

低学年期の劇（舞台）指導と4年生期の劇（舞台）指導との決定的な違いは，教師の指導です。低学年期では，題材選びや選曲，台本作り・楽譜作りと，練習開始までは教師がすべてを計画・準備していきます。子どもたちは教師が用意した劇（舞台）にそって活動を進めていく“だけ”です。4年生期ともなると教師が主導で進めてきた活動を少しずつ子どもたちに移していくイメージをもって取り組みを進めていきましょう。選ばれた・用意された話や曲で演じるよりも自分たちが選んだ・用意した話や曲で演じる方が意欲高く臨めることは言うまでもありません。以下のようなスケジュール感で指導を進めていきましょう。

〈指導スケジュールの流れ（11月実施の場合）〉

○夏季休業中

- 役割分担（全体指導，音響・照明指導，小道具・大道具指導等）
  ※脚本は子どもの考えを反映させたものにする。もととなる登場人物を多く設定できる，場面が多く設定できる物語を複数用意しておくとよい
- 学習スケジュール計画，練習場所分担
  ※係から大枠のスケジュールが示されるが，空き教室等の使用までは示されない場合も。空き教室の活用スケジュールを早めに立て，早めの予約を！

○四週間前

- 脚本づくり，役割決め（登場人物，音響・照明，道具関係），本読み

○三週間前

- 台本を持っての練習（各学級ごと，各教室），道具作成（作成依頼）
  ※保護者に作成依頼を掛ける場合は，最低でも三週間前まで

○二週間前

- 体育館練習開始
  ※遠くからでも見える，聴こえる演技指導

○一週間前〜二日前

- 場面転換，音響・照明最終確認，学年間相互鑑賞

指導において心掛けたいこと

①周囲の目を気にしはじめる４年生期の子どもたちに大きな声で叱る，全員の前で叱るなんてことはご法度な指導です。下記事項を肝に銘じて指導にあたりましょう。

・教師の出番は子どもの思考を止める　・命令口調の指導は，子どもの思考を止める

②セリフ覚えが苦手な子どもには，台本に書かれたセリフ通りに覚える傾向があります。下記の助言により，覚える速さが格段に増すことはもちろんのこと，セリフにその子どもならではの「味」も出てきます。

・伝わるのならば，セリフの文面を変えてもよい　・自分が日頃話している口調でよい

③音響や照明で劇（舞台）は大きく変わります。効果を学ぶために，校外学習に「観劇」を取り入れ，本物の音響や照明にふれることで，効果の大きさを実感できることでしょう。

【参考文献】
- 『授業力＆学級経営力』編集部編『小学４年　学級経営ペディア』明治図書

学級づくりのポイント

授業づくりのポイント

読む本の幅が広い 4年生の読書の時間

金田　明莉

学校内での読書の位置付け

それぞれの学校によって，全然違う読書の時間。私が今までに働いてきたところでは，「読書タイム」や「図書の時間」というものがあり，子どもが読書に親しむための時間がとられていました。「読書タイム」は主に朝，教室で読書をし，「図書の時間」は一時間丸々学校図書館に行き，図書の本を借りたり返したりします。また，読みたい本を子どもが読む時間でもあります。そんな読書の時間ですが，４年生になると，低学年とは違い，子どもの読むものに差が出てきます。文字が多い本を好んで読む子どももいれば，絵本を読んでいる子どももいます。他の学年より子どもが読んでいる本の幅が広いのも４年生の特徴ではないでしょうか。

子どもがどんな本を読んでいるのかを把握する

学校図書館がバーコード化されているところは多いのではないでしょうか。クラスのなかの係活動として，子どもがバーコードの読み取り等していませんか？　もちろんそれもいいとは思いますが，担任の先生が「子どもの現在の興味関心」を知るにはもってこいの時間です。子どもに任せるのではなく，対話しながら貸し出し返却をするのもいいですね。

読書活動を活発化するために行いたいこと

「読書活動は，子どもが，言葉を学び，感性を磨き，表現力を高め，創造力を豊かなものにし，人生をより深く生きる力を身に付けていく上で欠くことのできないものです。」と文部科学省の子どもの読書活動推進ホームページに書かれています。読書活動を活発化するためにおすすめすることを三つ紹介します。

❶ 並行読書

4年生では，並行読書をおすすめします。例えば国語科の「一つの花」（今西祐行著）の学習の際は，平和学習につながるような戦時中のことが書かれてある本を，学校図書館にある分だけではなく近隣の市立図書館から借りて，教室に置いてみてはいかがでしょうか。子どもは，当時の様子を知るために読書の時間を使ってたくさん読むことでしょう。

❷ 読書環境づくり

読書をするとき，みなさんはどのような姿勢で読書をしますか？　椅子に座って机に向かって読書をすることが多いでしょう。たまには違う環境をつくってみませんか？　私の教室にはスツールとジョイントマットを置いて子どもがそこでも読書をできるようにしています。

スツールはソファ代わりになりゆったり読書ができます。なかに物も入るので，教室移動の際，私物の本を入れるときなどにも役立っています。

ジョイントマットはつなげることができるマットです。読書活動を活発化していくためには，一人でではなく，二人以上で一つの本を楽しむこともあります。人数に応じてつなぐ数を増やすことができるジョイントマットはおすすめです。

❸ 好きな本紹介をする

帰りの会のとき，1分間スピーチなどで子どもが前に出て話す機会はどの学年にもあるのではないでしょうか。そのときのお題の一つとして，「好きな本紹介」をおすすめします。本を紹介することで，その子どもの興味関心を知ることができます。

また，同じような内容に興味がある子どもが「この本読んでみようかな」と思ったり，内容に興味はなかったとしても，友達が読んでいる本ということで「〇〇さんが読んでいるなら」と興味をもったりすることもあるでしょう。

【参考】 ●文部科学省「子どもの読書活動推進ホームページ」

11月

レク　10分

子ども同士をつなぐアクティビティ（運動場・体育館編）「走ってビンゴ！」

ねらい　体を動かし，頭を使い，チームでたくさんの判断をする過程のなかで，チームで協力して活動することの楽しさを感じさせるため。

準備物　ケンステップ（フラフープ），ミニコーン

津田二千翔

どんなレク？

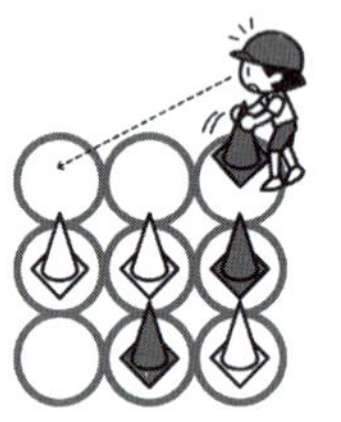

レクリエーションの様子

フラフープ（ケンステップ）を３×３マスで正方形の形になるように並べて置きます。これをビンゴマスとします。学級を二つのチームに分け，各チームにミニコーンを三つずつ配ります。リレーの形式で順番に各チーム一人ずつコーンを並べていき，縦一列，横一列，ななめ一列に早く並べることができたチームが勝利となる，コーンを並べることでビンゴを完成させるレクリエーションです。

レクリエーションの場の設定としては，スタートラインから15mほど離れた位置に，ケンステップを用いてビンゴマスを用意します。子どもたちはスタートラインを先頭にチームごとに一列で並ばせます。前から３番目までの子たちにミニコーンを渡します。

レクリエーションのスタートのタイミングで，一人目の子どもはビンゴマスまで走っていき，ビンゴマス（９マスあるうち）のどこかにコーンを置きます。コーンを置いて戻ってきたら二人目の人へハイタッチをします。二人目の子どもは，前の人とハイタッチをしてから今度は自分がビンゴマスまで走っていき，自分のチームがビンゴできるように，また，相手のチームにビンゴさせないように考えてコーンを置きます。これを繰り返します。前から四人目以降の子どもたちは，自チームのミニコーンを一つ動かすことができます。同じようにコーンを動かしたらスタートラインまで戻り，次の人にバトンタッチをします。どちらかのチームが縦，横，ななめでそろった時点で終了です。

はじめは，五人ほどの少人数で一つのチームとし，周りの子どもたちは応援という形で参加させるのがおすすめです。「走ってビンゴ！」に参加しない人たちは，応援や，コーンを置く場所のアドバイスをする等の役割を与えながら，ルールの確認をさせるとともに，応援の大切さを伝えていきます。そのようにすることで，子どもたちのつながりが強化されていきます。

レクリエーションに慣れてくれば，チームの人数を増やし，５×５のマス等で実践していく

と，列をそろえる難易度が上がり，子どもたちの盛り上がりも増していきます。

 レクの流れ

❶ まずは練習をしてみましょう。

場の設定と，子どもたちへのルールの説明ができたら練習をしてゲームのイメージをさせます。このレクリエーションは，ルールがわかれば子どもたちもとても盛り上がりますが，ルールが少し複雑なこともあり，全員がルールを理解していない状態ではじめるとトラブルにつながってしまう恐れがあります。ルールを念入りに説明してからレクリエーションをスタートさせることがポイントです。

❷ それでは，第一回戦をはじめます。応援をする人，アドバイスする人もとても重要な役です。がんばりましょう。それでは，スタート！

子どもたちがルールを理解することができたらレクリエーションをスタートします。このときに，実際にゲームをする人だけではなくて，応援する人やアドバイスをする人がチームにとって重要であることを伝えます。そのようにすることで，チームが一つになり，みんなで楽しむ雰囲気をつくることができます。

❸ チームごとに作戦会議をしましょう。

何度か対戦を繰り返していくと，子どもたちが自然と話し合って作戦会議をしている姿を見られるようになります。そのような様子が見えたときには，その作戦会議の様子を学級全体に注目させます。そして，教師がその作戦会議の様子に「何をしているの？」「どんな話をしているの？」などと言い，興味をもつ姿勢を子どもたちに見せます。そのようにすることで，他のチームの子どもたちが自発的に作戦会議をはじめることを促します。それぞれのチームの作戦会議が終われば，再びレクリエーションのスタートです。レクリエーションの終了後に，作戦会議をする前とした後では，チームにどのような変化があったのかのふり返りをすると，さらにチームで協力することの喜びを子どもたちに気付かせることができます。

作戦会議の様子

11月 子どもたちの励みにもなる効率的・効果的な掲示の方法

宮本真希子

図画工作をはじめ，子どもたちの学習成果を掲示することもあります。子どもたちが互いに見合い，今後の励みにもなります。また，保護者の方々が来校する際に見てもらうことで，日頃の学習の様子を知っていただくことにもつながります。以下のことに配慮して，効率的かつ効果的に掲示するようにしましょう。

立体作品の掲示

立体作品が完成したら，鑑賞の時間を設け，児童机や作品の配置を工夫し，展覧会を開催しましょう。しかし，それ以外の時間は，教室の広さやロッカーの配置，また作品の大きさによって掲示方法に迷うこともあります。そこで，作品を写真に撮りＢ４以上の大きめのサイズで印刷し，平面作品のように掲示板に掲示するのはいかがでしょう。背景やアングルを工夫したり，作品部分のみ切り取り好きな色の画用紙にレイアウトを考えて貼り付けたりしてもよいでしょう。

作品の題名

題名掲示によってその作品の世界観が表現できます。子どもたちの作品と同じ材料や技法や道具を使ったり，レイアウトを工夫しましょう。また，パソコンでフォントや色を工夫するだけでも雰囲気が出ますし，ワードアートを使えば簡単に素敵な題名が作れます。

ゆめのせかい　　ゆめのせかい

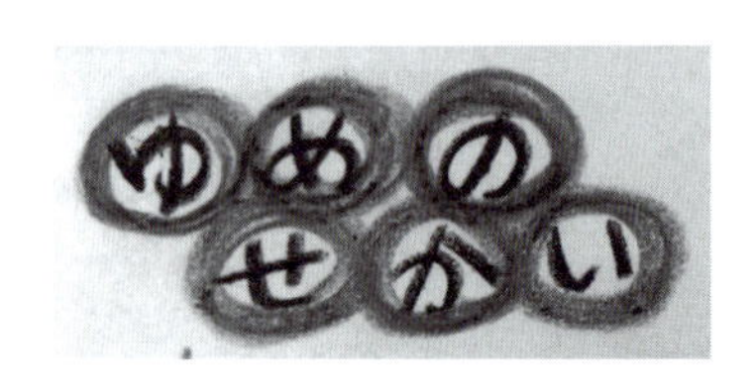

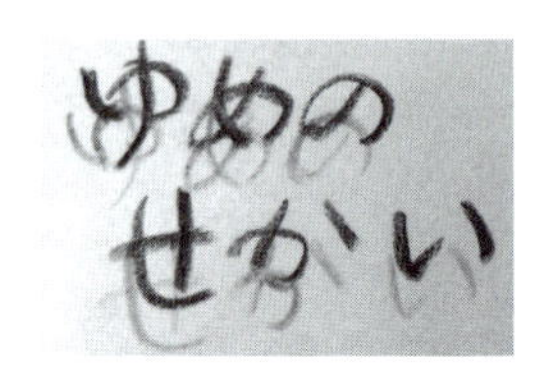

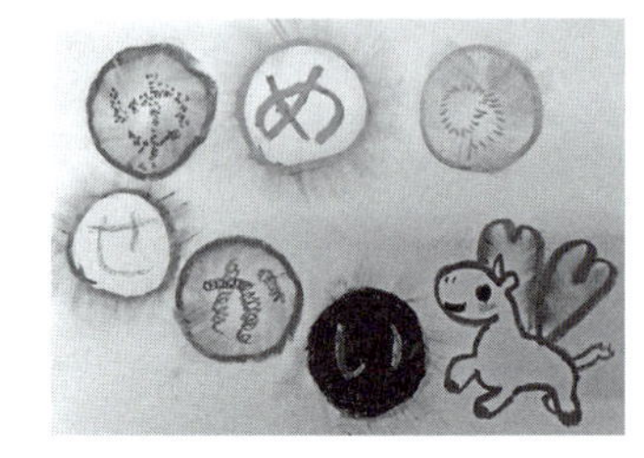

作品展の展示

作品展ではテーマを明確に設定し，そのテーマに合う世界観をどれだけ演出できるかが重要なポイントです。展示のために必要な道具や材料は妥協せず試してみましょう。例えば，水を表現するのも，スズランテープ，ビニール袋，サテン生地，わたなど様々な材料が考えられます。揃えられる範囲でしっかりと世界観を出していきましょう。

また，テーマによっては似た作品を集めて展示するほうがよい場合があります。展示するときは全体のバランスを考えながら配置しましょう。

❶ 集めて展示するほうがよいもの

「オーケストラ」「スポーツ」などは，同じものを近くに配置すると全体を一つの作品として表現することができます。

❷ バラバラに展示するほうがよいもの

「不思議な花」「いろいろピエロ」「わたしだけの恐竜」など独特な世界観や個性が出るものは雰囲気が似ている作品が散らばるようにします。また，色合いも偏らないように配置すると全体のバランスが整いやすいでしょう。

❸ 場合によるもの

「お話の世界」の場合は，集めて展示するほうが世界観が統一されストーリーを追いやすいというメリットがあります。しかし，似たものが近くにあることで，どれも同じように見えてしまいやすいことはデメリットとなるでしょう。

〈ポイント〉

□世界観を大切にする
□ちょっとした工夫で見やすく展示
□全体のバランスを整える
□題名掲示にもこだわる
□展示のための道具や材料にもこだわる

12月

今月の見通し

これまでの成長を子どもと，保護者と共有しよう！

若松　俊介

今月の見通し

学校行事
- 終業式…２学期の締めくくり
- 通知表配布…２学期をふり返る機会に

学年・学級
- 冬休みの宿題指導…冬休み期間に計画をもって取り組めるように声掛け
- 学期末のまとめ，ふり返り…２学期をふり返って，よかったところや改善点を考える

家庭との連携
- 個人面談…通知表所見にかわる様子報告
- 冬休みの過ごし方の指導共有…冬休みの学習計画や生活リズムについて，保護者と連携して指導

他
- 学級閉鎖が起こりがち…手洗いうがいの喚起
- 冬休み前の安全指導…外出時の安全や交通ルールの確認

12月は「２学期の終わり」であると同時に，その年を締めくくる１か月でもあります。「終わり」だからこそ，しっかりとした締めくくりを意識することで，大事な時期にすることができます。子どもたちと共にこれまでの成果や成長をふり返ったり，確認したりする機会としたいものです。

また，12月には個人面談があります。子どもたちとだけでなく，保護者ともその成長を共有できるようにしたいものです。「終わり」の成長をきちんと共有することで，新たな「はじまり」も共に支えることができるでしょう。保護者と直接会って話せる時間を大切にしたいものです。

子どもたち自身がふり返ることができるようにする

❶ ふり返る機会をたくさんつくる

12月には，ふり返る機会を何度もつくることができます。「２学期のふり返り」として，学期中に取り組んできた活動や授業を思い出し，自分たちがどのように成長してきたのかを考えられるようにします。また，「４月からのふり返り」として，年度のはじまりからこれまでの歩みをふり返ることも重要です。これにより，子どもたちは自分自身の成長だけでなく，学級全体の成長を確認できます。

さらに，「今年一年のふり返り」として，その年全体をふり返ることもできます。１月には３年生だったことを思い出すことで，「一年間の変化や成長」をより実感することができるでしょう。様々な視点や時間軸でふり返ることで，子どもたちはこれまでの自分をいろんな角度から見つめ直すことができます。

❷ 子どもたち自身が，自らの成長を見つけられるようにする

教師が子どもたちの成長を見つけることも大切ですが，それ以上に，子どもたち自身が自らの成長を見つけられるように支援することが重要です。見つけた成長を様々な視点でふり返られるようにすることで，その成長やこれまでの過程について注目できるようにします。

単に話して終わり，考えて終わりにするのではなく，時には紙に書いて記録することで，その成長を具体的に意識することができます。こうすることで，次の成長に向けた過程も考えられるようになるでしょう。子どもたちが「成長した自分」を実感することで，更なる成長への意欲を高めることもできます。

 保護者と「これまで」「これから」を共有する

今年の成果だけで終わるのではなく，３学期や新しい年に向けて，「どんなことに挑戦したいか」「どんなことをがんばりたいか」を考える機会をつくることも大切です。これにより，自然に次のステップへとつなげることができます。新たな目標を設定することで，子どもたちは自分の成長を継続的に意識するようになります。

また，12月には，保護者との個人懇談が行われる学校が多いでしょう。この機会に，子どもたちがふり返った「自身の成長」を保護者と共有することができれば，子どもたちの成長をより実感してもらうことができます。４年生にもなると，家で学校のことを話さない子が増え，「我が子が何を考えているかわからない」と悩む保護者も多いでしょう。だからこそ，こうした機会に「その子の言葉」で書かれた「成長」を共有することで，保護者もより学校でのその子の様子を知り，安心することができます。

【参考文献】

- 若松俊介著『教師のいらない学級のつくり方』明治図書
- 若松俊介，樋口綾香編著『イラストで見る全活動・全行事の学級経営のすべて 小学校４年』東洋館出版社

12月 子ども一人一人が意識できる体調管理の心掛け

金田　明莉

感染症と学校

2020年３月から新型コロナウイルス感染症により，全国で一斉休校になりました。そこから私たちはマスク生活を余儀なくされ，2023年５月に新型コロナウイルス感染症が５類に移行するまで，様々な制限がありました。寒くなってくると，インフルエンザも猛威を振るいはじめます。そんななかで日々の学校生活を過ごすためには，体調管理は必須です。

教室でできる感染対策

先生だけがいくら感染対策を声高に呼びかけても不十分です。子ども一人一人が意識することがもっとも重要です。子どもたちと共通理解しながら感染対策を進めていきましょう。

❶ 手洗いうがいの徹底

当たり前のようで意外とできないのが「手洗いうがいの徹底」です。コロナ禍以前は給食を食べる前は絶対にする。それ以外は……，少し緩かったような気がしますが，コロナ禍を経て，手洗いうがいの徹底がなされるようになりました。子どもたち同士，担任からも声掛けをして徹底しましょう。手洗いをするためにはハンカチも必要です。時折，ハンカチチェックをすることも，意識の向上につながります。

❷ 湿度を上げる

ウイルスの感染を予防するためには湿度40％以上である必要があるそうです。各教室に加湿器がついているところがあれば大いに活用しましょう。なければ教室でできる湿度対策をできる限り講じましょう。

〈教室でできる湿度対策例〉

□霧吹きでシュッシュとする

原始的な方法ですが，定期的に教室中でシュッシュと霧吹きをすると湿度が少し上がります。このとき，濡れてはいけないものを濡らさないようにするのが大切です。

□濡れたタオルを干す

洗濯物を部屋干ししていると部屋の湿度が上がるのと同じ原理です。ただ，教室は広いので，数が必要です。児童机に濡れたぞうきんを干しておくだけで少し湿度は上がります。

□観葉植物などを置く

植物は葉から水を蒸発させます。天然の加湿器とも言えます。また，緑があると教室環境にもよいですね。

家庭との協力が必須

体調管理には家庭との連携が必要です。学級の状況（お休みが増えてきたなど）や，世間的には，今どんな病気・感染症が流行っているのかなどを保護者の方にもわかってもらう必要があります。学年だよりや学級だよりを用いて発信することも大切です。

また，子どもたちの些細な変化も見逃さず，保護者の方に伝えるのも大事です。保健室に行くほどのことではなくても，「咳をしていたのでおうちでも様子をみてあげてください」など，学校で発現した症状については連絡帳に書いたり，電話連絡したりして，共有できるようにしましょう。

学級づくりのポイント
授業づくりのポイント

12月

レク　10分

お楽しみ会で使えるアクティビティ「思い出なんでもバスケット」

ねらい　２学期のお楽しみ会で，円になり学級の子ども同士が顔を見合う環境を設定することで，これまでの学校生活をふり返るとともに，３学期に向けて学級全体の意識を高めるため。

準備物　特になし

津田二千翔

どんなレク？

基本的には，「なんでもバスケット」と同じレクリエーションです。

「なんでもバスケット」とは，学級の人数から椅子を一つ少なくし，円になった状態で椅子を内側に向けてレクリエーションをはじめます。椅子を一つ少なくしているので，座れていない人（立っている一人）がはじめの鬼です。鬼は，「今日の朝ごはんでパンを食べた人」や，「靴下が白色の人」「ゲームをするのが好きな人」などと，学級に複数人いると予想されるお題を言います。鬼の言ったお題に該当する人は，自分が座っている椅子とは別の椅子に座らなければなりません。鬼もその掛け声と同時に，空いた席に座りにいきます。「なんでもバスケット」という題を鬼が告げたときには，全員が一度椅子から立ち上がり座席を移動しなければなりません。ルールとしては，最後まで座ることができなかった人が次の鬼となり，次の鬼が新たなお題を告げます。お題が変わるごとに椅子から椅子へと移動して，できるだけ鬼にならないようにすばやく椅子から椅子へと移動していくレクリエーションです。

ここまでは，基本的な「なんでもバスケット」と同じですが，２学期最後のレクリエーション「思い出なんでもバスケット」ということで，アレンジを加えます。鬼になった人は，ただお題を言うのではなくて，「２学期に楽しかったこと」や「３学期にがんばりたいこと」を言った後にお題を言うというルールが付け加わります。このようにすることでクラスの子どもにとって特別な何でもバスケットになります。

レクの流れ

❶机を後ろまで下げましょう。椅子だけを前にもってきて，みんなで円をつくりましょう。

教室で実施する場合，広いスペースがないと危険です。机をできる限り端の方によせ，教室内のスペースを最大限活用します。教師は，教卓やオルガン等が子どもにとって危険な位置にないかなどをしっかりと確認します。

❷静かにルールを聞きましょう。

椅子を並べて円になると，互いの顔がよく見え，友達が近くにいる環境が生まれます。このような環境は，子どもたちにとってはあまり馴染みのなく，友達と話してしまったりすることがあるかもしれません。この後のゲームをスムーズに進行させていくためにも，ゲームを開始するまでに誰かが話しはじめれば静かに聞くという状態を保たせる必要があります。子どもたちにも，ゲームを進めていくためには全員が協力しあうことが大切であると伝えます。その後，ルール説明をしてゲームをはじめます。子どもたちは，はじめは照れくさそうにするかもしれませんが，だんだんと慣れてきて学級が温かい雰囲気になってきます。

❸「思い出なんでもバスケット」をしてみてどうでしたか。感想を伝え合いましょう。

最後に鬼になった子どもも座れるように椅子を一つ追加して，学級児童全体で活動をふり返る時間を設けます。子どもたちにとって「思い出なんでもバスケット」は，学級の友達の２学期の思い出や，３学期にがんばりたいことを聞いたり，お題にそって動く友達の姿から同じクラスの友達の新たな一面を知ることができたり，人となりを知ったりする機会となります。

レクリエーションの最後に円になり向かい合って座り，お互いに感想を伝え合う時間は，子どもたちにとってとても印象に残るふり返りの時間となります。この時間が学級全体で２学期をふり返る時間となるとともに，３学期への活力にもつながっていきます。

〈お題の例〉

- 学校の学習のなかで体育が一番好きな人
- 青色の鉛筆を持っている人
- 今日，７時までに起きた人
- 習い事をしている人
- 出席番号が偶数の人
- いちごが好きな人

12月 達成感のあるお楽しみ会の計画方法

宮本真希子

ただの楽しい遊びで終わらないために

２学期の終わり，お楽しみ会などを行う学級も多いことでしょう。本来すごく楽しいはずなのに，ケンカが起きるお楽しみ会，同じ演目ばかりで淡々と進むお楽しみ会，「静かにしましょう」が飛び交うお楽しみ会。こんなお楽しみ会にはしたくないですよね。だからと言って，楽しいだけの休み時間の延長のようなお楽しみ会もどうでしょう。

お楽しみ会をする目的を子どもたちと話し合い，共有することで，子どもたちにとっても達成感のあるお楽しみ会にしてみませんか。お楽しみ会を単発のイベントとして開催するのではなく，特別活動の授業を活用しながら計画を立てたり話し合ったりすることで，子どもたちの学びにもつなげていきましょう。

お楽しみ会で成功体験を

目的を話し合い，共有しただけでは，４年生の子どもたちだけで準備・計画・実行まで行うことは少し難しいでしょう。子どもたちに委ねられる部分はできるだけ多くしますが，方向性の提示や軌道修正は先生で適宜していきましょう。

自分たちでつくり上げる体験を積むためにも，少なくとも準備に二週間は必要です。授業時間も使うことで，お楽しみ会も授業の一環であると価値づけ，ていねいに取り組めるとよいですね。準備の過程でトラブルも出てくるでしょう。それもよい機会と捉え粘り強く対応していきましょう。

役割をつくり出そう

「お楽しみ会をしましょう。何をしたいですか」と子どもたちに投げかけたときに，手品，劇，歌などの演目がたくさん出てくるでしょう。「では，一人一つ出し物をしましょう」という流れになった場合，人前に出ることが苦手な子にとって，本当に楽しい会となるのでしょうか。

全員がなんらかの演者（出し物をする人）になるのもよいですが，様々な役割をつくり，裏方として参加することもOKとすることで，みんなが前向きに取り組める会になるのではないでしょうか。計画や準備の段階から当日まで一人一人が何か役割をもって取り組めるようにして，演者も裏方もお楽しみ会を楽しめるようにしましょう。

❶ かざり担当

教室を華やかに，楽しい雰囲気にするために活動する担当です。折り紙で輪飾りを作ったり，お花紙で花を作ったりできます。ポスターを作ることもできます。

❷ プログラム担当

演目の順番について，出し物担当の子どもたちと一緒にプログラム順を決める担当です。どのような順番だと，見ている人を楽しませられる，会の目的を達成できそうかなどを考える役割です。

❸ 記念品担当

お楽しみ会開催を記念して，一人一人や学級全体へのプレゼントを作成する担当です。小さな賞状を作ったり，写真を撮って掲示板に飾ったりします。記念品を渡すというプログラムを入れておけば，当日も大きな達成感を得られることでしょう。

他にも，子どもたちと話し合いながら，いろいろな役割を考えながら進めていくと，学級づくりにもつながっていきますよ。

〈ポイント〉
□お楽しみ会も授業の一環！　自分たちで進めて自主性も育てよう！
□全員が役割をもつことで，全員が達成感を味わえるように！
□お楽しみ会で一人一人もクラス全体もステップアップ！

1月

今月の見通し

3学期のスタート！見通しをもって残り3か月を過ごそう！

若松　俊介

今月の見通し

学校行事
- 始業式…3学期のよりよいスタートを

学年・学級
- 学級活動の再開…2学期と3学期をつないでいく
- 冬休みのふり返り…学習リズム，生活リズムを取り戻す支援

家庭との連携
- 3学期の学習と生活習慣について確認…夏休み明けの生活リズムや学習態度について，保護者と連携しながら支援

他
- 寒さ対策と感染症予防…教室の衛生管理の強化
- 新年の気持ちの切りかえ…ポジティブなスタートが切れるように

1月は，3学期の「はじまり」であると同時に，新しい年の「はじまり」でもあります。「はじまり」が多いこの時期は，新たな気持ちで様々なことに取り組むチャンスです。子どもたちが「○○な年にしたい」「今年は△△にチャレンジしてみたい」と思えるような時間をつくることができるようにします。

教室では，新年の抱負を考える時間をつくったり，子どもたちが目指す目標をお互いに共有し合ったりすることで，前向きなスタートを切ることができるでしょう。残り少ない3学期の一日一日を子どもたちと大事に過ごすことができるように，きちんと見通しをもって過ごしたいものです。

3学期の「はじまり」を大事にする

❶ 2学期の「終わり」とつなげる

まず，3学期の「はじまり」であることを意識できるようにします。これまでの学期で大切にしてきたことや努力してきたことを一緒にふり返り，成功体験や成長した点を具体的に話し合います。そして，改めて3学期において「取り組みたいこと」や「チャレンジしたいこと」を一緒に見つけていきます。

すでに2学期の「終わり」にこうした時間をつくっておくと，3学期の「はじまり」につなげやすくなります。「1学期終わり」「2学期はじまり」と同様に，子どもたちの「これまで」と「これから」を常につなぐ意識をもてるようにします。残りわずかの3学期だからこそ，いきなり新しい「何か」をはじめようとするのではなく，「これまで」とのつながりを教師も子どもたちも大事にできるようにしましょう。

❷ 3学期に「取り組みたいこと」をはっきりとさせる

子どもたちと一緒に考えた「取り組みたいこと」をより具体的にできるようにします。単に「係活動を充実させたい」だけでは，何をすればよいのかがはっきりしません。それよりも「係活動で，月に一度はイベントを開きたい」と具体的にすることで，取り組む内容をはっきりとさせます。そうすることで，子どもたち自身が残りの3学期を見通せるようになります。

3学期が終わると新たな学級がはじまります。「続きは次の学期で」ということができない場合もあります。だからこそ，「取り組みたいこと」にしっかり取り組めるようにするために，子どもたちが「見通し」をもてるようにします。こうすることで，子どもたちは「取り組みたいこと」に向けて確かな過程を歩むことができるでしょう。

★ 新しい年の「はじまり」であることも大切にする

さらに，新しい年の「はじまり」であることを大切にします。「4年生」として過ごすのは残り3か月であり，この年の大部分は「5年生」として過ごします。そのため，子どもたちと一緒に「5年生につなげる一年，3学期にしよう」と意識をもつことが重要です。子どもたちに声掛けをするだけで，こうした視点をもつようになるでしょう。

そして，これまでに学んだことや成長したことをふり返ったり，新たに取り組みたいことを考えたりする際には，4年生での学びを5年生へとつなげられることを意識できるように指導や支援を行います。3月終わりになってからこのような指導や支援をするのではなく，新たな年のはじまりである1月から，こうしたことを意識できるようにすることで，子どもたち自身が少しずつ自分で「5年生」へとつなげていこうとするようになるでしょう。

【参考文献】

- 若松俊介著『教師のいらない学級のつくり方』明治図書
- 若松俊介，樋口綾香編著『イラストで見る全活動・全行事の学級経営のすべて 小学校4年』東洋館出版社

防災「作業」ではなく，防災「訓練」に！

日野　英之

作業から訓練に

教師が，「今日は〇時間目に防災訓練があります。皆さんは，……」等と説明をはじめると「やったぁ！　授業がなくなる！」「なんだかドキドキするね！」等，子どもたちの表情や言葉からは微塵も“緊張感”を感じない雰囲気。４年生にもなると防災「訓練」ではなく，毎年ある「作業」という認識になってしまっています。このまま訓練を進めても，それは訓練ではなく作業です。では，防災「作業」ではなく「訓練」に変えていくためにはどのようなことに注意して臨めばよいのでしょうか。

作業を訓練に変えるポイント

作業から訓練に変えるためには，目的をもたせることと状況のイメージを具体的にもたせることです。目的をもたせるために，または実際の状況をイメージできるようにするためには次のようなことを心掛けましょう。

〈作業を訓練に変えるポイント３つ〉
- 被災するということについて理解を深める
- 事前オリエンテーションは「説明・指示」ではなく「学習」で
- 校外で被災した場合について考える場を設定する

❶ 被災するということについて理解を深める

防災訓練を行う意味をしっかりと理解させてから訓練にのぞみましょう。

何年に一度しかこない，又は人生において経験することがないこともあるかもしれない被災です。平和な日常を過ごしているなかでは，なかなか自分事として捉えられず，子どもたちは訓練することに対して「主体性」をもつことができず，訓練を受けるといった「受動態」で臨むことでしょう。自分事として捉えるため，被災の映像や被災された人からの話を聞く，又は防災センター等を校外学習先に選び，暴風・地震を実際に体験する等が有効な手立てでしょう。まずは，災害は突然に起きるものであり，甚大な被害をもたらすこと。また，生死にかかわることであると子どもたちにしっかりと認識させることから訓練をはじめましょう。

❷ 事前オリエンテーションは「説明・指示」ではなく「学習」で

「○○の状況ならばこうして！　ああして！」の教師の指示で動く訓練ならば，事前の学習は生きてきません。実際に小学校で起きた際にはどんなことに気をつけて，どんな行動を取ればよいのかについて，子どもたちが考える時間を確保した後に訓練に臨むような学習の流れを組まれることが理想的です。もちろん，学習の際は教師からの事前オリエンテーションで終わらないように以下のような発問をもとに学習を進めていきましょう。

〈避難訓練事前学習の際の主な学習活動例〉

- 地震の際，机の下にもぐる理由や火災の際に身をかがめて避難する理由を問う
- 一斉に避難するための効果的な避難経路を子どもたちに考えさせる
- 地元ならではの災害やまたその避難法や対処法について考えさせる

❸ 校外で被災した場合について考える場を設定する

被災はいつ何時訪れるものかわかりません。校内で起きた場合のみならず学習を進めることで，より防災のことを深く学ぶことができるでしょう。

家で災害にあった場合には，外出先で被災した場合には，自分が被災にあわなくとも，自分にとって身近な方が被災にあった場合には……様々なシチュエーションにおいてどのようなことを気をつけ，どのような対応をとればよいのかをしっかりと考えさせ，防災についてより理解を深める場にしていきましょう。

こちらにも配慮を

被災を具体的にイメージさせるために映像や聞き取り，体験の場を設けることは非常に有効な手段です。一方で，感受性豊かな子どもにとっては自分事と捉えすぎて，心がしんどくなったり，身体に変調をきたす場合があります。

学習に入る際には，事前に十分な注意喚起を促し，気分が悪くなった場合や体調が優れなくなった場合はすぐに知らせる旨をきちんと伝えておきましょう。

1月

レク　15分

伝統文化アクティビティ「冬休みの先生たち」（絵合わせカードゲーム）

ねらい　適格に情報を伝え，コミュニケーションを図り，班で協力して一つの課題を解くおもしろさを感じさせる活動のなかで，冬休み明けの学校生活への意欲を高めるため。

準備物　絵合わせシート

津田二千翔

どんなレク？

このレクリエーションは，バラバラの絵を組み合わせて，元々どのようになっていたのかを考えるレクリエーションです。五，六人ほどの班で協力して行います。準備物には，絵合わせシートを用意します。絵合わせシートとは，１枚の絵を班の人数分で切った紙のことを言います。

子どもたちは，絵合わせシートを一人１枚ずつ持っています。そのシートに描かれている物や背景などを参考にして，そのシートがもともとどのように組み合わさっていたのかを班のメンバーと考えます。レクリエーションのルールは，自分の持っている絵合わせシートを他の人に見せてはいけないということです。これがこのレクリエーションのミソです。子どもたちは，班のメンバーの話を聞きながら，聞いた情報を手掛かりにして絵を組み合わせていきます。

レクリエーションに使う絵合わせシートは，普段馴染みのある先生たちの写真を使用すると盛り上がります。学校や，学年の先生に協力をしてもらい各先生が走っているポーズを撮ります。そのポーズを組み合わせ，画像編集し先生たちでマラソンをしている様子にします。

絵合わせシート作成例

一度撮影した写真は，何度も使いまわすことができます。絵合わせシートの背景や，画像の順番を編集することで何度もレクリエーションを楽しめます。また，１人１台端末を使用して，教師から個別に画像を配付してレクリエーションを行うことも可能です。

※このレクリエーションは，「謎のランナー」というレクリエーションを小学４年生に合わせてオマージュしています。

★ レクの流れ

❶ 1枚ずつ絵合わせシートを配っていきます。この紙は，誰にも見せてはいけません。絵合わせシートをもらったらそこにどんな情報があるのかを探しましょう。

「自分の持っている絵合わせシートは誰にも見せてはいけない」というルールを子どもたちに再度伝えたうえで配付していきます。次に，子どもたちは自分の持っている絵から情報を探します。例えば，前頁図の左端から２番目の絵をもらった人は，自分がどの位置の紙をもらっているのかはわからないですが，
「○○先生が走っているけど，頭の後ろと右足が切れている。前にはだれかの腕と足がうつっている」
「雲と木の左半分はあるけれど，右半分は切れている」
というような情報を読み取ることができます。

❷ では，前から４番目に走っている先生は誰でしょうか。制限時間は，10分間です。みんなで協力して答えを導きましょう。

子どもたちは，自分の持っている写真を見ながら情報を的確に班のメンバーに伝えるとともに，班のメンバーの意見を聞いて，話し合いのなかで絵を組み合わせていかなければなりません。教師は，子どもたちの会話を楽しみながら誰がリーダーシップをとっているのか，聞き上手は誰なのか，話し上手な人はいるかどうかなどを観察しながら見回ります。10分間経過したら，それぞれの班の答えを一斉に発表します。その後，班で個々に持っている紙を見せ合い，答え合わせします。

❸ 今日のレクリエーションのふり返りをしましょう。

活動が終了すれば，自己のふり返りをします。内容は，
「どれくらい自分のことを班のメンバーに伝えることができましたか」
「どれくらい班のメンバーの意見を聞くことができましたか」
それぞれ10点満点で点数をつけ，なぜ，そのような点数になったのかの理由とともに発表します。このように，しっかりとふり返りをすることで，３学期のスタートに自分の意見を伝える大切さ，相手の意見を聞く大切さを再確認することができます。

1月 特別支援等課題を抱える子どもたちへの対応

宮本真希子

個々の特性を捉える

特別支援学級に在籍している子や，在籍はしていなくても診断を受けている子に関しては，具体的にどのような特性があるのかを知る必要があります。一人一人の「得意」や「苦手」を知ることは，指導や支援を考えるうえの土台と言えます。これまでの担当の先生との引継ぎ，養護教諭や関係の先生からの情報収集など，できる限りの情報を集めておきましょう。

保護者の思いを確認する

何よりも，保護者がその子をどのように捉えているのか，どこに課題があり，どうすればうまくいくのか，その子に対する願いは何か……，把握しておくことが重要です。細やかに話を聞きましょう。ただ，家と学校で見せる様子が違うこともあります。考えにズレがあれば話し合い，一番よい方法を見つけていきましょう。担当になった子どもの保護者とはできる限りはやい段階でコミュニケーションをとれるようにしましょう。

他の子とのかかわり

担当の子どもとどのようにかかわるかは子に応じて異なります。自分の力で友達とうまくかかわれる場合は，遠くから見守ることが有効に働くこともあります。自分からかかわれない，かかわり方の多くがトラブルを生む場合は，他の子とつなぐことも大切です。他の先生や保護者とも連携をとりながら，対応基準を決めていきましょう。

課題を感じる子について

特別支援学級に在籍していない，診断も受けていない，でも学級で過ごすことに課題を感じる子もいますよね。その子たちの特性も担任として捉える必要があります。それは，感覚的なものではなく，言動をしっかりと分析しなければなりません。分析したことは必ず記録に残します。

簡単にチェックできる表などを作っておくと記録も残しやすいでしょう。以下のことを記録しておきましょう

❶ 課題は何か

担任としてその子にはどんな課題があると感じているのか，どのような行動をしてほしいと願っているのかを明確にします。

❷ どのような問題行動か

問題行動はどのようなときに現れるのかを具体的に記します。曜日，時間，場所，天気，人，環境，きっかけなど，問題行動が見られるときの共通点を探ります。

❸ どうするとおさまるのか

注意をするとやめるのか，それとも拍車をかけることになるのか，放っておくのがよいのか，取るべき行動を示せばよいのか，よかった解決方法や間違った解決方法も一つ一つ記録しましょう。

❹ 理想の行動ができているのはどんなときか

ついつい悪いことばかりに目がいきがちですが，よい行動ができているときの方が多いはずです。それはどんなときなのかも忘れずチェックしましょう。

〈ポイント〉
□一人一人のよいところと課題を具体的に把握する
□問題行動が起こるパターンを分析する
□より有効な解決方法を見い出す
□よい行動ができるような環境を整える

2月

今月の見通し

一年の集大成を意識しよう！

若松　俊介

今月の見通し

学校行事

- ６年生を送る会の準備…計画的に取り組めるようにする

学年・学級

- ６年生を送る会の準備…学級で話し合う場面をたくさんつくる

家庭との連携

- 授業参観…子どもたちの一年間の成長を感じられるような授業を
- 学級懇談…一年間の成長や感謝を伝える

他

- 寒さ対策と感染症予防…教室の衛生管理の強化

２月になると，教師も子どもたちも「一年間の終わり」を意識するようになります。なかには，「後○日」といったカレンダーをつくる学級もあるでしょう。学校に登校する日を数えることで，残りの時間がわずかであることを実感します。こうした意識が芽生えるからこそ，一日一日を大切にするようになります。

また，３月前半には４年生での学習がほぼ終了するため，２月は学習や学級生活の集大成の場となります。子どもたちがこれまでに学んだことや経験したことが様々な場面で発揮されることでしょう。2月を何となく終えるのではなく，「一年の集大成」としてしっかり意識することが大切です。

「集大成」を自分たちで意識できるようにする

❶「自分（たち）で考えて行動する力」の成長に気づけるようにする

まず，「一年間の終わり」に向けて，子どもたちが「自分（たち）でできるようになったこと」に注目することが重要です。４月からの様々な活動を通して，子どもたちは「自分（たち）で考えて行動する力」を身につけてきたことでしょう。この点を意識できるよう，声掛けを行います。

子どもたちが「自分（たち）で考えて行動する力」の成長に気づくことができれば，これからもその力を大切にするようになるでしょう。４月には学級が代わり，担任が代わっても身についた力は残ります。「○○先生の学級にいるからできる」ではなくて，「自分たちでできる」ことを大切にしてほしいものです。

❷ どんな集大成にしたいかを考えられるようにする

そして，子どもたち自身が「残りの期間で何をしたいのか」「どんな時間を大切にしたいのか」を考えられるように問いかけや場づくりを行います。教師だけが「２月を集大成の場にしたい」と思っていても仕方ありません。子どもたちに声を掛け，意識できるようにすることで，子どもたち自身が２月を集大成の場としてつくり上げることができます。

これは決して誰かに披露するための「集大成」ではありません。自分たちの毎日を，自分たちでよりよいものにしてきたことを締めくくるための時間です。あえて「集大成」として意識することで，「さらに何ができるだろう？」「自分たちが大事にしてきたことは何だろう？」と自分たちを見つめ直すことができます。５年生に近づいている時期だからこそ，よりこうしたことを考えられるようになっているでしょう。

「５年生」に進む準備を整える

このような時間を大切にするため，教師はこれまで以上に自分が前に出ることを控えるように意識します。「あと少しで子どもたちの担任ではなくなってしまう」「もっとやれたことがあったのではないか」と考えると，子どもたちにたくさんのことを伝えたい気持ちが湧いてくるかもしれません。しかし，その気持ちを抑えて，子どもたちが「自分（たち）でできること」を増やすことを優先します。

子どもたちが自分（たち）でできることが増えれば，それは次の学級や学年でも生かされていきます。次の学年へとつなげる意識をもった集大成の場をつくり上げることが大切です。２月を通じて，子どもたちはこれまでの学びをふり返り，自分たちの成長を実感することで，「５年生」に進む準備を整えます。

【参考文献】
- 若松俊介著『教師のいらない学級のつくり方』明治図書
- 若松俊介，樋口綾香編著『イラストで見る全活動・全行事の学級経営のすべて 小学校４年』東洋館出版社

2月 「5年生の0学期」として見通しある学級の締めくくりを

金田　明莉

 5年生0学期

3学期は「次の学年の0学期」と言われています。つまり，次の学年に向けて準備をする学期です。4年生は次5年生になります。3学期のうちに，授業や学校生活を通じて，ある程度5年生への見通しをもてるようにしましょう。見通しといっても様々な見通しがあります。

❶ 学習の見通し

学習は子どもたちにとって次の学年に上がるうえでの不安の一つです。外国語活動が外国語になり評価が加わることや，社会の学習が地域学習から日本全国に広がることなどがあります。少しでも次学年への不安を取り除き，期待感をもてるといいですね。

❷ 行事の見通し

5年生になると委員会活動がはじまったり，宿泊行事があったりします。「学校のためにする活動が増える」という見通しをもてると，高学年としての自覚も出てきます。

❸ 自分の成長の見通し

10歳ごろになると体の成長もはじまります。自分の心と体の成長についてあらかじめ知っておくことは重要です。養護教諭と連携して，保健の授業をするのもよいでしょう。

締めくくるうえでやりたいこと

「１月は行く　２月は逃げる　３月は去る」とよく言われるように，時が過ぎるのは早いです。少しでもたくさんの思い出をつくり，「４年生楽しかった！」と子どもたちが思うことができるようにしたいものです。３学期だからこそできることを紹介します。

❶ 他学年と遊ぶ

この学級で過ごすのもあと少し。他の学級と遊ぶのもおすすめです。１年生の各学級と遊んだり，卒業間近の６年生と遊んだりしてもいいですね。６年生とは，４年生の国語科で学習する百人一首で勝負を申し込むのもいいでしょう。このときに自分の学級だけやるのではなく，学年で相談して取り組むことも重要です。

❷ 学級で遊ぶ

何よりも学級での思い出は大事です。それまでにも「みんな遊び」などで，学級で遊ぶことはたくさんしていることでしょう。１・２学期よりも３学期はたくさん遊ぶ機会をもちましょう。３学期は冬です。寒いシーズンなので，教室にこもりがちになってしまいますが，外に出て遊ぶことも大切です。大縄でクラス目標を決め，達成に向けてがんばるのもいいですね。

このときに写真や動画をたくさん撮っておくと，学級じまいをするとき，思い出をふり返るときにも使えます。

❸ 10歳の私から20歳の君へ

４年生はちょうど10歳になります。国語科の教材で十年後の自分に手紙を書く単元があります。未来の自分の姿を想像しながら，今の自分をふり返り，自分についての説明をできるようになるといいですね。

学級づくりのポイント
授業づくりのポイント

2月

レク

10分

体も心もぽかぽかアクティビティ「キョンシー鬼ごっこ」

ねらい 子どもたちにとって安全に活動でき，たくさんの活動量で体も心もぽかぽかになり，寒い冬も笑顔で乗り切れるようにするため。

準備物 特になし

津田二千翔

どんなレク？

キョンシー鬼ごっこのキョンシーとは，中国の妖怪のことです。両手を前に出して，両足をそろえて跳んでいるイメージを多くの子どもたちがもっています。子どもたちは，キョンシーと聞くと，妖怪で怖いものであると想像し，恐怖感を感じます。このレクリエーションでは，キョンシー鬼ごっこと題し，鬼をキョンシーに変え，鬼ごっこのルールを少しオマージュして楽しみます。

キョンシー鬼ごっこは，通常のふえ鬼ごっこと基本的なルールは同じ（鬼は逃げている人をタッチする。タッチされた人は鬼になる。そのため鬼がどんどん増えていく）ですが，通常の鬼ごっこと異なる点は，鬼がキョンシーであることと，逃げる側も追いかける側も走ってはいけないということです。

キョンシー鬼ごっこのルールとしては，鬼（キョンシー）は，両手を前に出し，手の平を進行方向に向けて早歩きで，逃げている人（人間）を追いかけなければなりません。逃げる側（人間）は，鬼（キョンシー）に変わるには，手を頭の上で合わせ，好きな食べ物を言いながら二周その場で回ってキョンシーに変身しなければなりません。キョンシーに変身したら，キョンシーとしてまだ捕まっていない人間を追いかけます。学級全体でだんだんとキョンシーが増えていくゾワゾワ感を全員で楽しみます。全員が鬼（キョンシー）になれば終了です。

キョンシーに変身する際に言う言葉は，「好きな食べ物」や「好きな動物」など状況に応じて変更することができます。

人数が多く狭い体育館で，全員が思いきり走ると，衝突してケガをする危険性があります。しかし，キョンシー鬼ごっこは，全員が早歩きで活動していることや，キョンシーは両手を前に出していることで誰かと衝突しても先に手が当たるようになっていて，ケガを未然に防ぐことができます。また，寒い時期に子どもたちの運動量が十分に確保できるレクリエーションですので，子どもたちの心と体を温めることもできます。

レクの流れ

❶ キョンシー鬼ごっこのルールを説明します。（上記のルールを説明する）人間が逃げることができる範囲は，この四角の枠の中だけです。それでは，人間の人は逃げましょう。

鬼ごっこをするときには，基本的なルール説明に加えて，子どもたちの安全性の確保の面や，常に教師の目が行き届く範囲である必要があることから子どもたちに逃げることができる範囲をしっかりと伝えておく必要があります。ルールの説明ができたら，先に逃げる人（人間）役の子どもたちを逃げさせます。

❷ それでは，キョンシー役のみなさんは今からキョンシーに変身します。キョンシーに変身した人から，どんどん人間を追いかけに行ってもいいですよ。両手を頭の上で重ねて，好きな食べ物を言いながら二周回ります。せーの！

子どもたちがキョンシーに変身するとき，最初はとても恥ずかしがります。しかし，教師が「〇〇キョンシーは，イチゴが好きなんだって！」「△△キョンシー，調子いいね！」などと声を掛けていくと子どもたちがだんだんと恥ずかしい気持ちを忘れ，楽しくなってきます。レクリエーションの後半になったら，「残っている人間は，あと◇◇さんと□□さんです」のように教師が実況するとより場が盛り上がります。

❸ レクリエーションのふり返りをしましょう。

重ねてレクリエーションをする際には，休憩も含めてふり返りの時間を設けるようにします。また，気温が低いため，真夏ほど汗はかきませんが，子どもたちは一生懸命に逃げたり，追いかけたりするのでかなりの活動量があります。しっかりと休憩や水分補給をする時間をとる必要があります。

2月 締めくくりの学級懇談会

宮本真希子

感謝の気持ちを伝えよう

残り１か月足らずの時期に，最後の学級懇談会が行われることが多いでしょう。一年間，子どもたちが毎日元気に登校してきたこと，幸せな毎日が過ごせたことなど，当たり前の日々が過ごせたのは，間違いなく保護者の協力があったからです。その思いをていねいかつ自分らしい言葉で伝えましょう。

子どもたちの素敵を伝えよう

この一年間，子どもたちは大きく成長したことでしょう。４月の学級懇談会同様，普段の様子を伝えながら，子どもたちが成長したことを余すことなく伝えましょう。休み時間，給食の時間や掃除の時間，そして，様々な授業の様子を具体的に伝える準備をしておきましょう。また，４月当初と比べて，どのような点において成長しているかを話すことができれば，保護者にも喜んでもらえること間違いなしです。

また，学級懇談会の机，椅子の配置も大きな役割を果たします。先生が話すだけならば，普段の教室同様，みなさん対面に座ってもらえばよいでしょう。また先生の話＋保護者同士の話合いも期待するならばロの字や円にするのも効果的です。保護者同士の交流が主たる目的ならば班の形にして座っていただくのも会話が進みます。

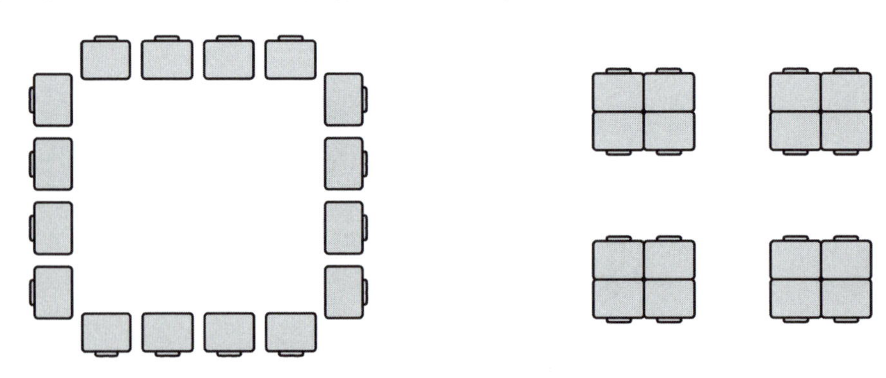

学級懇談会で伝えること

先に述べた観点も含めながら，５年生に向けて気をつけること，子どもにかかわる今日の情勢などを伝えることで，ただお礼を言い合うだけの学級懇談から脱して，ワンランク上の学級懇談会をめざしましょう。

締めくくりの学級懇談会のネタとしては次のようなものがあります。

❶ 今日の授業と普段の授業について

今日の授業の様子と似たところと，違う雰囲気のときの様子など，がんばっていることを多岐にわたって伝えます。友達とのかかわりは授業でも見られますので班活動の雰囲気を伝えるのも好評です。

❷ 生活面について

最近の様子に加えて，この一年でどれほど成長したのかを伝えます。休み時間や当番活動への取り組みの様子はもちろん，縦割り班や地域班での雰囲気も伝えるとよいでしょう。また，整理整頓や給食の様子など，家庭生活とつながる一面を伝えるのもよいでしょう。

❸ ５年生に向けて

多くの学校で，初めての宿泊行事や委員会活動がはじまります。どこでなにをするのか，どのような心づもりが必要なのか，どのような活動があるのかなど概要を伝えます。

❹ 子どもにかかわることについて

子どもの実態や地域の雰囲気により，保護者のニーズは異なります。地域の実態に合わせる必要があります。例えば，思春期のスタートで心も体も大きく大人に近づくこと，友人トラブルやSNSのトラブルが増えること，新たな学習のつまずきが出てくること，最近の教育界で言われていることなど，何か一つ選んで伝えると，４月からの不安も少し軽減されます。

〈チェックリスト〉
□感謝の気持ちを伝えることは必須！　どんなことを伝えますか？
□この一年をふり返り，子どもの素敵エピソードをたくさん集めましたか？
□時間配分はどうしますか？　保護者にも話をしてもらいますか？
□＋αで話をすることは決めましたか？

3月

今月の見通し

次の学年につながる学級じまい！

若松　俊介

今月の見通し

学校行事

- ６年生を送る会…感謝の気持ちを伝える
- 修了式…一年間の締めくくり
- 通知表配布…３学期をふり返る機会に

学年・学級

- 学年末のまとめ，ふり返り…一年間をふり返って，よかったところや改善点を考える
- 学年での活動…遊びや学習を通してつながる機会をつくる

家庭との連携

- 一年間の感謝…通信等を通して一年間の感謝を伝える
- 進級に向けた家庭での支援依頼…次学年に向けた支援をお願いする

他

- 花粉症対策…教室内の換気や清掃の徹底
- 学級閉鎖が起こりがち…手洗いうがいの喚起

３月は，「一年間の締めくくり」の時期であり，子どもたちと過ごす最後のひと月となります。これまでも各学期末等に「締めくくり」を意識してきたかもしれませんが，今回は「一年間の締めくくり」ということで，より「５年生」につなぐことを意識します。目の前の子どもたちの学級担任として，できることをやり切る姿勢が大事になります。

「学級じまい」という言葉を聞いたことがある先生も多いのではないでしょうか。４月に「学級開き」を行い，３月には「学級じまい」を迎えます。もちろん，担任として子どもたちと最後まで楽しい時間を過ごすことは大切ですが，「しまう」意識をもつことで「つなぐ」ことができるようになります。自分なりの「学級じまい」を見つけていきましょう。

★子どもたち自身が「５年生」につなぐことができるようにする

❶「4年生」の一年間をふり返る

まず，子どもたちと一緒に「この一年間で大切にしてきたこと」「この一年間でできるようになったこと」をふり返ることができるようにします。授業や行事，日々の学級活動を通じて，子どもたちが「何を大切にしてきたのか」「何ができるようになったのか」「何をがんばったのか」を共にふり返ります。この過程を通じて，子どもたちは自分自身の成長とその過程をつなげて実感することができます。

教師が視点を与えることで，子どもたちはその視点を意識してふり返ることができます。あえて「ふり返りの時間をつくる」だけでなく，様々な場面で子どもたちが自然とふり返ることができるように支援します。

❷「5年生」につなぐことを考えられるようにする

さらに，ふり返りのなかで「〇〇は5年生でも大切にしたい」「5年生では△△もできるようになりたい」という具体的なポイントを子どもたち自身が見つけることができるように促します。自分なりの目標を見つけられると，次の学年に向けての具体的な目標をもつことができます。5年生に向けて，自信をもつことにもつながります。

単に「教師が5年生につなぐ」だけでなく，子どもたち自身が「5年生につなぐ」という意識をもてるようにしたいものです。そのきっかけをあらゆる場面でつくっていけるようにしましょう。

「学年」で過ごす時間をつくる

もし，学年に複数の学級がある場合は，他の学級の子どもたちとも交流する機会をつくることが大切です。例えば，学年合同で行う活動や学習，遊び等を通じて，学級をこえた関係性を育むことができるようにします。

5年生になれば，子どもたちはまた新たな仲間と共に過ごすことになります。こうした活動を通じてお互いの関係を広げたり深めたりしておくことは，子どもたちが新たな環境にうまく適応するための大切な過程です。一つの学級だけで閉鎖的にならず，学年全体で協力して楽しんだり，何かを成し遂げたりする経験をもつことで，学級の垣根をこえた信頼関係が築かれます。

このような経験を通して，子どもたちは「学年」という大きなコミュニティの一員であることを実感することができます。新学期を迎える際にも安心感をもつことができます。「学級」が終わったとしても，「学年」として過ごすことを大切にするようになり，4月の新学期をより円滑に迎えるようになるでしょう。

【参考文献】
- 若松俊介著『教師のいらない学級のつくり方』明治図書
- 若松俊介，樋口綾香編著『イラストで見る全活動・全行事の学級経営のすべて 小学校4年』東洋館出版社

3月 「送らされる会」ではなく「送る」会に

日野　英之

送らされる会ではなく「送る」会に

「６年生への想いを込めて！」「そんな姿で６年生は安心して卒業できますか？」６年生を送る会練習でよくある，よく聞く教員の言葉です。「６年生」や「想い」という，イメージができるような，できないような言葉を用いての指導がどれだけ４年生の子どもたちの意欲をかき立てるものとなるのでしょうか。

翌年度には高学年となる子どもたちです。６年生が下級生の姿を見て安心も不安も感じないまま巣立っていくことを感じていて不思議ではありません。

冒頭の言葉を用いた指導で，本当に４年生の子どもたちが６年生を「送ろう」とする姿は育めるでしょうか。「送らされる」姿を育んではいないでしょうか。「送らされる会」から「送る会」にするにはどんなことに注意して指導を進めていけばよいのでしょうか。

具体化することで主体性を生み出す

言われた通りにできることをよし！　としてきた低学年期。４年生では，子どもの「主体性」を意識して進めていきましょう。「主体性」を生み出すためには，卒業式ではなく抽象的なイメージの「６年生を送る会」を“具体化”することが大切です。

❶会の目的を伝える

会の目的を理解することで自分たちができること，とるべき行動を具体的に考えることができます。

会の目的を**「これまでの学校生活や貢献・活躍に対する感謝を伝える場」**としたならば，６年生のかっこよかった，頼りになった姿を想起させて会に臨ませることで，会に向かう姿・姿勢は変わってくるでしょう。

「自分たちの未来を考えたり，学年が上がることに対する意識を高めたりする機会」としたならば，６年生からのメッセージを自分の二年後の姿を想像しながら受け取ることができるでしょう。

目的を明確にすることで，意識できなかったことが意識できるようになり，会に対する主体的な姿が育まれます。

❷「何」を通して表現するのかを子どもたちが決める

何事においても言えることですが，誰かから「与えられたこと」に対して主体性はなかなか生まれてこないものです。反対に「自分が決めた，選択したこと」に対しては決めた責任も伴い主体的に取り組もうとするものです。

６年生に感謝やエールを伝える演目の決定権を子どもたちに委ねてみてはいかがでしょうか。「音楽会で披露したリコーダー演奏」「運動会で踊ったダンス」「新たな演目」から選択するという形をとるのもいいでしょう。

主役は６年生ですが，子どもたちが高学年に上がることに対する意識を高めるよき機会です。「教師が」で進めてきたことが，高学年になると「自分たちが」で進める機会がグッと増えます。子どもたちが自分たちで決めた・選択したものならば責任と意欲をもって取り組むことができるでしょう。５年生の第一歩として，子どもたちの成長を促す場として活用しましょう。

❸教師は一歩引いた視点で

いくら演目を子どもたちが選んだものにしたとしても，指導が「ああしなさい」「こうしなさい」といった指示一辺倒なものでは子どもたちの主体性は生まれてきません。「目的を果たすためにどんな姿が望ましい？」「どのようにすれば目的が達成される？」といった発問中心の指導に切り替え，子どもたちが考えて取り組む場面を増やしましょう。

〈指示の少ない指導に変えるためのマストアイテム〉

- タブレット（カメラ機能で自身の姿を客観視できるようにする）
- 相互鑑賞（鑑賞後に互いを認め合う場を設け，自信とやる気をもたらす）
- 通信（取り組んでいる様子を子ども・保護者に配信。教師の一言コメントを添えて）

こちらにも配慮を！

６年生を送る会。当然主役は６年生。６年生が下級生に向けて見せる最後のパフォーマンスとメッセージ。受け取り手側としてもどんな姿・姿勢で受け取るのかをしっかりと考えさせましょう。送る側・送られる側が共に気持ちのよい空間や時間となるように，学年間の教職員とも想いを共有しておきたいところです。

3月 学級じまい

金田　明莉

心に残る学級じまいにするために

ついに３月。もうすぐ５年生になります。子どもたちが「一年間でこんなに成長できたんだ！」と実感できるような学級じまいにしましょう。

〈学級じまいポイント〉

□感謝の気持ちを育もう！

一年間お世話になった人はもちろん，成長させてくれた場所に対しても感謝の念をもてる機会を設定します。例えば，大掃除などもその一つです。

□成長を実感させよう！

ふり返りをたくさん設定します。互いに伝え合うことにより，仲間の成長にも気づくことができます。

普段しないようなところまで大掃除

一年間の終わりといえば大掃除。見えないところまでピカピカにして次の学年に引き渡したいですね。窓を外して窓の溝や網戸，普段は固定しているであろうランドセルを入れるロッカーのうしろなど普段動かせないようなところの掃除まで子どもたちと一緒にすることで，「一年間これだけがんばったんだなあ」と実感できるでしょう。雑巾だけでは取りきれない汚れは，メラミンスポンジやマイクロファイバークロスなど，百均グッズを活用し，取れる汚れを見て楽しみながら掃除できるといいですね。

ふり返りをたくさんしよう

学級じまいのときには一年間の思い出をふり返る機会もとることでしょう。たっぷり時間をとって，様々な視点からふり返りができるといいですね。

❶ 目で見るふり返り～学級だより編～

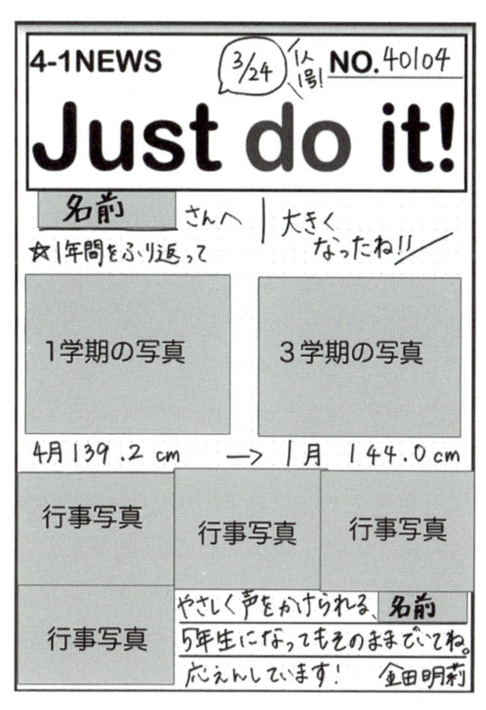

4-1NEWS 3/24 1人1号! NO.40104

Just do it!

名前 さんへ

☆1年間をふり返って

大きくなったね!!

1学期の写真

3学期の写真

4月 139.2 cm → 1月 144.0 cm

行事写真

行事写真

行事写真

行事写真

やさしく声をかけられる 名前

5年生になってもそのままでいてね。

応えんしています! 金田明莉

普段から学級だよりを出しているなら，「一人一号の学級だより」がおすすめです。基本的な型はそれぞれ同じにして，１学期と３学期の子どもの比較写真，一年間に伸びた身長と子どもたち一人一人へのコメントを書いたものを作成します。子どもたちだけでなく，家に持って帰ったときにお家でも楽しむことができるふり返りです。

❷ 目で見て耳で聴くふり返り ～ふり返りムービー編～

学級じまいにふり返りムービーを作っている先生もいるでしょう。写真，動画音楽を組み合わせて作成するふり返りムービーですが，写真，動画を並べて，音楽を流すだけになっていませんか。もちろんそれでも子どもたちは大喜びでしょう。ここで音楽に注目して欲しいです。使う音楽は子どもたちにとってこの一年の思い出となる曲を使うのですが，「音ハメ」をするとさらに感動的になります。少し手間はかかりますが，ぜひやって見ていただきたいです。そして，「笑えるシーン」と「泣けるシーン」を作りましょう。子どもたちが最後まで飽きず，感動しながら見ることができます。

❸ 口で話す振り返り ～思い出トーク～

一年間の思い出をおしゃべりします。サイコロを上半期，下半期と２個用意し，足し算して出た月の思い出を話します。小さな思い出もたくさん話せるとさらに深まります。

3月

レク

45分

お楽しみ会で使えるアクティビティ「シークレットフレンド」

ねらい 学級の友達のよいところを見つけ，伝え合うことによって次年度に向けて子ども同士の横のつながりを強化するため。

準備物 レター用紙

津田二千翔

どんなレク？

学級のいいところみつけの取り組みにアレンジを加えたのが，「シークレットフレンド」というレクリエーションです。学級のいいところみつけの活動では，日直に対して，日直ではない子どもが日直のよいところを発表するという形式や，出席番号順や，座席順によいところを伝えるという形式が多く，全員の発表を終えるのに１か月程度かかることもあります。しかし，シークレットフレンドでは，一時間のなかで学級の全員が誰かによいところを伝え，全員が学級のなかの誰かによいところを言ってもらえるという特徴があります。

シークレットフレンドを日本語訳すると，「秘密の友達」です。名前のように，自分のよいところを誰が伝えてくれるのかは，当日までわかりません。同時に自分も秘密の友達になる必要があります。誰のよいところを書くのかをくじ引きを使って決め，当日までに自分が担当する子のよいところを見つけます。担当する子のよいところを見つける期間は，一週間あります。一週間かけて，自分が担当になった友達をよく観察してよいと思うところを見つけます。

この活動では，「誰にでも必ずよいところはある」ということと，「よいところを伝えることは，人間関係をつくっていくための一助になる」ということを伝えます。この取り組みを通して，子どもたちからは，「今まで話したことがない子だったけれど，シークレットフレンドをすることで仲良くなれた」「自分では，そんなにいいと思っていなかったところを褒めてもらえてうれしかった」などと，学級の人間関係つくり，また，次年度に向けて子どもたち同士のつながりを強化することができます。

レクリエーション終了後に成果物を学級で掲示している様子

レクの流れ

❶これからシークレットフレンドのくじ引きをします。引いたくじに書かれている出席番号の人の，よいと思うところを探しましょう。

シークレットフレンドでは，友達のよいところを探す期間を一週間程度設けます。子どもたちは，学級の誰にもバレないように自分が担当している子のよいところを探します。もし，一週間のなかで友達のよいところを探すのに困ったり，悩んだりしたときには教師に相談するように伝えます。期間を設けることで，友達のよいところを見つけるための時間が増え，普段なら気づかない友達のよいところにも気づくことができます。また，友達とのかかわりが少なく，自分の思いを誰かに伝えるということが苦手な子どもにとっても，時間の猶予があることで教師のサポートを受けやすくなります。

❷シークレットフレンドの時間をはじめます。レター用紙を配付するので，先週くじで引いた友達のいいところを書きましょう。

レター用紙を子どもたち一人一人に配付します。子どもたちは，一週間で見つけた友達のよいところを書きます。レター用紙の記入には，たっぷりと時間をとります。その際に，子どもたちに，この時間は，友達のために一生懸命になる時間であることを伝えます。ていねいな字で書くことや，心をこめて書くことを伝えます。このときの一工夫として，オルゴールの音を教室に響かせます。教室はオルゴールの音色と，鉛筆を動かす音だけになり，教室の雰囲気がより一層深まります。

❸それでは，発表の時間です。今日のトップバッターは，（くじを引く）○○さんです。○○さんよろしくお願いします。

残りの時間を使って一気に全員が発表します。最初に発表する人は，くじで決めます。２番目以降は，発表された人が次の人に向けて発表します。発表する人が途切れてしまったら，再度くじを引き，決めなおします。例えばＡさんがＢさんに向けて発表したら，次はＢさんがＣさんに向けて発表する。その次は，ＣさんがＤさんに向けて発表するというような流れです。ここでも，教室内にオルゴールの音を鳴らします。聞いている人は，発表者に身体ごと向けること，発表が終われば拍手をすることを学級内で伝えます。教室内は常にオルゴールの音色が聞こえる状態にすることで，とてもあたたかな雰囲気になります。

3月

お話

新たなステージへ向かう子どもたちに響く話

子どもたちの背中をそっと押す心に響く言葉を伝えたい。

宮本真希子

一年を締めくくるときに…

いよいよ一年の終わりです。一年間，一緒に過ごしてきた可愛い子どもたち。思い出も，願いも，伝えたいことは山のようにたくさんあることでしょう。ついつい溢れる思いをつらつらと述べがちです。しかし，長い言葉は子どもたちの心には残りません。子どもの心に響く言葉，残る言葉は簡潔でなければなりません。残りの日々を大切に，伝えたいことは何か，しっかりと考え言葉を選びましょう。

指導の意図

伝えるメッセージは，未来に向かって進んでいく子どもたちの背中をそっと押すことができるものがよいでしょう。学級の実態によっては，インパクトのあるもの，子どもたちが一人一人の解釈をできるものがよいかもしれません。また，声の大きさ，話すスピード，表情によって与える印象は大きく変わってきます。あたたかい雰囲気がよいのか，爽やかな雰囲気がよいのか，明るく輝く感じにするのか，子どもたちに合うもの，そして自分らしいものを選びましょう。

〈メッセージおすすめのパターン〉

①今までの思い出　＋　自分の感情　→　子どもたちのよさを伝える

②子どもたちのよいところ　＋　自分の感情　→　子どもたちに期待することを伝える

③偉人の名言やことわざ・故事成語などで応援する

お話

子どもにもわかりやすい，勇気の出る言葉はたくさんあります。アニメの台詞や，歌詞にも素敵な言葉はたくさんあります。ことわざ・故事成語や偉人の名言は，たくさん書籍化されていますし，インターネットで調べることもできます。目の前の子どもたちへ送るのにピッタリ合う言葉をぜひ見つけてみてください。
　ここでは，私の好きな言葉をいくつか紹介します。

❶「夢を見ることができれば，それは実現できる」

　映画やテーマパークを通して，世界中の人々に夢と感動を与え続けたウォルトディズニーの言葉です。よく知るテーマパークをつくった人の言葉は子どもたちの心にも響きやすいことでしょう。

❷「世界で最も素晴らしく，最も美しいものは，目で見たり手で触れたりすることはできません。それは，心で感じなければならないのです」

　1歳のときに視覚と聴覚を失うも，世界各地で障がい者の教育と福祉の発展に大きく貢献したヘレンケラーの言葉です。これからも見える価値観のみならず，心で感じたことを大切にしてほしいという思いを伝えます。

❸「失敗したところでやめてしまうから失敗になる。成功するところまで続ければそれは成功になる」

　日本の実業家，発明家，著述家であり，現在のパナソニックの創業者である松下幸之助の言葉です。難しいことやうまくいかないこともこれからどんどん増えてきます。それらは成功の過程であることを伝えます。

❹「不撓不屈」

　本の元々は中国の『漢書』の言葉です。これからも人間関係や学習など様々な困難に出会う子どもたちの拠り所になってもらいたい言葉です。

〈チェックリスト〉
□一番伝えたいことは決まりましたか？
□どんな雰囲気で話をしますか？
□話をするときの様子はイメージできていますか？
□伝える言葉は厳選されたものですか？

【参考文献】
● 垣内幸太編著，授業力＆学級づくり研究会著『子どものこころにジーンとしみる　ことわざ・名言２分間メッセージ』明治図書

国語

学習の要所と指導スキル

布川　碧

学習内容例

月	学習内容例
4月	・既習の物語文を分析しながら読もう（「ももたろう」・「スイミー」など） ・漢字辞典で目指せ漢字博士
5月	・説明文から学んだことを形にしよう （例）映像の撮り方を観察して動画の実況解説をしよう「アップとルーズで伝える」 ・なりきり作文「運動会」～使われる道具になりきろう～
6月	・説明文を要約しよう～段落ごとの要点整理から要約へ～ ・相手意識，目的意識をもって新聞を作ろう
7月	・クラスのおすすめ本紹介フリーペーパーを作ろう ・１年生からの既習漢字でオリジナル漢字検定に挑戦しよう
9月	・詩を味わおう～読む・書く・感じる～ ・社会科コラボ～浄水場やごみ処理場のパンフレットから読み取ろう～
10月	・結末に注目して読もう　（例）物語文「ごんぎつね」 ・イメージマップで広げよう　秋の楽しみ
11月	・リーフレットで工芸品の魅力を伝えよう ・条件付き作文に挑戦しよう（三段落構成・比喩表現を使う　など）
12月	・物語のつながりから推理しよう　（例）物語文「友情のかべ新聞」 ・自分で作ろう！～伏線を生かした物語文作り～
1月	・言葉から連想を広げて～イメージマップを交流しよう～ ・詩集を作ろう～自分の好きなテーマの詩を集めよう～
2月	・自分の心の動きを言葉にしよう～感情の輪を使って～ ・調べてまとめて発表しよう～forms でアンケート～
3月	・物語を読んで感じたことを交流しよう ・お題作文「４年生最初の自分と今の自分」

※光村図書の教科書を使用

身につけたい力

これまでの三年間でたくさんの文章に出会ってきた４年生。その文章や作品との出会いをふり返りながら，この一年間で新しく出会う作品を自分で分析し，読んだり表現したりする楽しさを味わえるようになってほしいものです。「小学校学習指導要領（平成29年告示）第Ⅰ節国語」には「筋道立てて考える力や豊かに感じたり想像したりする力を養い，……自分の思いや考えをまとめることができるようにする。」が４年生の目標として書かれています。

そこで指導のなかで大切にしたいことは，単元の終わりに魅力的な言語活動を設定することです。物語文や説明文を読んで終わるのではなく，そこで学んだ知識や，作者・筆者の技を自分でも使ってみたくなるような言語活動を示すことで，子どもたちの学習意欲は高まります。自分の思いや考えをまとめ，形にすることは学ぶことの喜びや達成感にもつながります。

また，漢字学習や作文指導は学習のルールや流れを決めて一年間継続して行うことで，着実に力がついていきます。いずれも，何となくたくさん書かせるという指導ではなく，子どもが達成感を感じられるような学習の仕組みづくりを心掛けましょう。

〈単元構成の例〉光村図書「未来につなぐ工芸品　工芸品のみりょくを伝えよう」

STEP 1　「未来につなぐ工芸品」を読んで伝え方を学ぶ
STEP 2　工芸品について調べる（本・インターネット）
STEP 3　調べた工芸品についてまとめる

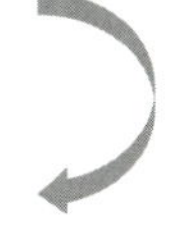

学んだことを
生かして書く

ゴール　工芸品を紹介するリーフレットを作ろう【言語活動】

ねらいはこれだ！感想文指導

物語文や説明文の学習の前後に，感想文を書かせる活動をすることは多いでしょう。その際，何のために感想を書くのかというねらいを明確にすることが大切です。また，感想を書く際に何を書いたらよいかわからないという子どもの困り感を解決するためにも，感想を書くときの視点を示しましょう。

初発の感想を書く際には，「文章の書き方や表現に関する気づき」と「自分が感じたこと」を分けて書かせることで，子どもの感想をその後の授業に活かしやすくなります。また，単元の最後に感想を書かせる場合は，自分の最初の読みと学習後の読みの違いがわかるように構成を示してから書かせるようにすると，子ども自身が自分の読みの変化に気づくきっかけになります。

次頁上の写真は，光村図書「初雪のふる日」の単元末に子どもが書いた感想文です。はじめ・中・終わりの段落を意識し，中の部分にはより具体的に物語から感じたことを書きます。初読の感想文には，自分の読みについてしか書かれていませんでしたが，単元末の感想文では友達の考えや学習のなかで読み深めた問いについての考えが書かれています。目的を意識して感想文を書くことで，学習前後の自分の読みの変化や成長を実感することにつながります。

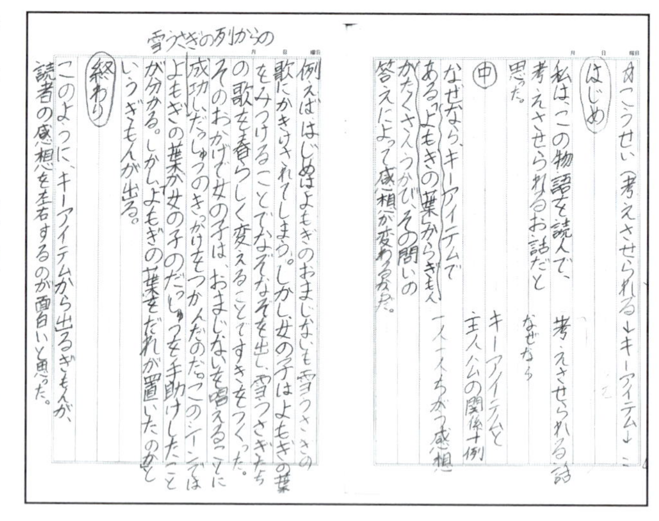

光村図書　４年国語「初雪のふる日」の単元末の感想

オリジナル漢字検定

４年生では小学校六年間のなかで最も多い202字の漢字を学習します。漢字学習で大切なのは，読めるようになること・使えるようになることです。そのためには新出漢字だけでなく，既習漢字の復習も大切です。繰り返し書かせるだけでは，子どもたちの漢字に対する意欲はどんどん下がってしまいます。そこで，オリジナルの漢字検定（写真①）を作って，クラスに置いてみましょう。

まずは，１年生で学習した漢字からスタートします。「それくらい余裕！」と言ってはじめた子どもたちも，意外と２年生の漢字になると間違えはじめます。大切なのは，合格するまで繰り返し受けることです。授業時間だけではなく，教室の棚にファイルを置いて，休み時間や隙間の時間を使っていつでも受けられるようにしましょう。そのうち４年生の漢字に合格し，まだ習っていない５年生の級を受けたいという子どもも出てきます。そこで，習っていないからと止めるのではなく，どんどん受けることを進めましょう。自主学

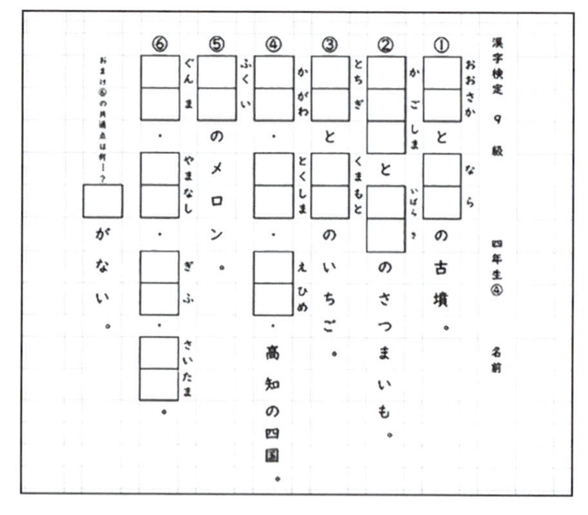
漢字検定　９級　四年生④　名前

① おおさか□と なら□の古墳。
② かごしま□と いばらき□のさつまいも。
③ とちぎ□と くまもと□のいちご。
④ かがわ□・とくしま□・えひめ□・高知の四国。
⑤ ふくい□のメロン。
⑥ ぐんま□・やまなし□・ぎふ□・さいたま□。

おまけ⑥の共通点は何！？　□がない。

写真①　漢字検定

漢字小テストファイル

小学校漢字検定

１年生	２０級		４年生	１０級	
２年生	１９級			９級	
	１８級		５年生	８級	
	１７級			７級	
３年生	１６級			６級	
	１５級			５級	
	１４級		６年生	４級	
	１３級			３級	
４年生	１２級			２級	
	１１級			１級	

年　組　番

名前（　　　　　　）

年　組　番　名前（　　　　　）

写真②　チャレンジシート

習などで自ら漢字を学ぶきっかけにもつながります。合格したことが目に見えてわかるように，漢字検定チャレンジシート（写真②）を作って，合格した日にちを書き込んだり，シールを貼ったりしていくという一手間も子どもたちの意欲を高めるためには効果的です。

魅力的なゴールを見せよう

子どもたちの学びの意欲を高めるために，単元の導入はとても重要です。「自分もやってみたい！」と思ったら，子どもたちは教材文のなかからどんどん書き方を吸収していきます。なぜ説明文を読むのか，この説明文から何を学ぶのかを明確にし，子どもたちが意欲的に学ぶために，魅力的なゴールを示しましょう。

これは，光村図書４年生「伝統工芸のよさを伝えよう」の単元の最後に子どもが作った，工芸品を紹介するリーフレットです。このリーフレットを作るために「世界にほこる和紙」で資料の使い方や魅力を紹介するための文章の書き方を学びます。「こんなリーフレットを廊下に展示して，他の学年の人に伝統工芸を紹介するよ！」と最初にゴールを示すことで，子どもたちは説明文をじっくり読みながら，書き方や表現を自分のものにしていきます。

調べ学習では，伝統工芸に関する本を読み，紹介したい工芸品を探します。そして，工芸品の紹介・魅力①②・まとめ（感想）の三つのページに分けて，参考文献とともにリーフレットを作成します。また，調べた参考文献も忘れずに書くよう指導します。

リーフレットやポスター作りではCanvaというアプリを使うと，簡単にプロのようなデザインの作品が完成します。書き方だけではなく，写真や背景の色，デザインにもこだわることができます。子どもたちはより手に取ってもらえるようなリーフレットを作ることに夢中になります。

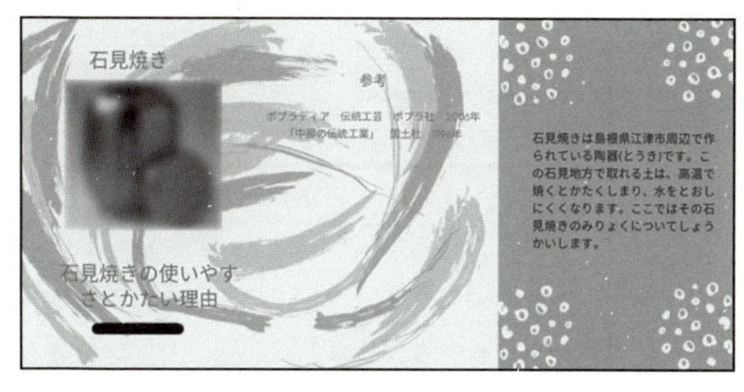

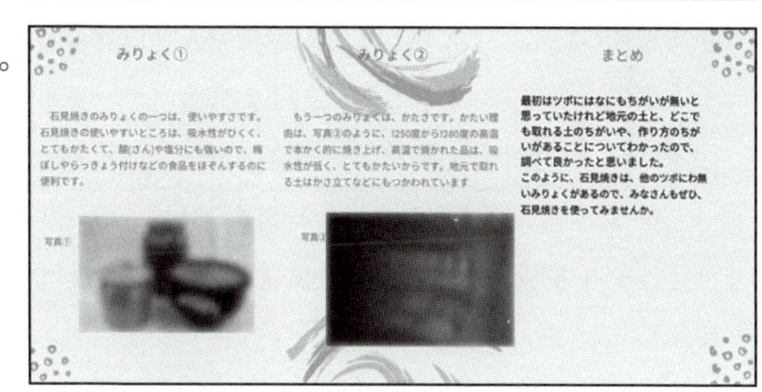

光村図書　４年国語「伝統工芸のよさを伝えよう」
調べ学習後に作ったリーフレット

【参考文献】
● 坂本良晶著『生産性が爆上がり！　さる先生の「全部ギガでやろう！」』学陽書房

社会

学習の要所と指導スキル

井上　伸一

学習内容例

4年生の社会科では，自分たちの住んでいる都道府県のことを取り扱います。

<table>
<tr><th>月</th><th colspan="30">学習内容例</th></tr>
<tr><td>4月</td><td colspan="30">・県の位置や地形，土地利用の様子（白地図にまとめる）</td></tr>
<tr><td>5月</td><td colspan="30">・県の主な産業，交通網，主な都市の位置や様子</td></tr>
<tr><td></td><td colspan="30">選択単元「人々の健康や生活環境を支える事業」</td></tr>
<tr><td></td><td colspan="15">・ごみの処理と再利用</td><td colspan="15">・下水の処理と再利用</td></tr>
<tr><td>6月</td><td colspan="15">・清掃工場の見学
・ごみの再利用
・ごみの減量で自分たちにできること</td><td colspan="15">・下水処理場の見学
・下水処理水の利用
・水を汚さない工夫</td></tr>
<tr><td></td><td colspan="30">選択単元「人々の健康や生活環境を支える事業」</td></tr>
<tr><td></td><td colspan="10">・生活と飲料水
・浄水場の見学</td><td colspan="10">・生活と電気
・電力会社の調査</td><td colspan="10">・生活とガス
・ガス会社の調査</td></tr>
<tr><td>7月</td><td colspan="10">・生活を守る飲料水</td><td colspan="10">・生活を守る電気</td><td colspan="10">・生活を守るガス</td></tr>
<tr><td>9月</td><td colspan="30">選択単元「自然災害から人々を守る活動」</td></tr>
<tr><td></td><td colspan="6">・地震災害の調査</td><td colspan="6">・津波災害の調査</td><td colspan="6">・風水害の調査</td><td colspan="6">・火山災害の調査</td><td colspan="6">・雪害の調査</td></tr>
<tr><td>10月</td><td colspan="6">・自然災害の対策</td><td colspan="6">・自然災害の対策</td><td colspan="6">・自然災害の対策</td><td colspan="6">・自然災害の対策</td><td colspan="6">・自然災害の対策</td></tr>
<tr><td></td><td colspan="30">・県内の文化財や年中行事を守る</td></tr>
<tr><td>11月</td><td colspan="30">・開発，教育，医療，文化，産業（選択）などの地域の発展に尽くした先人の働き</td></tr>
<tr><td>12月</td><td colspan="30">・先人の働きのまとめ</td></tr>
<tr><td>1月</td><td colspan="30">・県内の伝統的な技術を生かした地場産業が盛んな地域の様子</td></tr>
<tr><td>2月</td><td colspan="30">・県内の国際交流に取り組んでいる地域の様子</td></tr>
<tr><td>3月</td><td colspan="30">選択「地域の資源を保護・活用している地域の様子」</td></tr>
<tr><td></td><td colspan="15">・県内の自然環境を保護・活用している地域の様子</td><td colspan="15">・県内の伝統的な文化を保護・活用している地域の様子</td></tr>
</table>

身につけたい力

4年生は認識の爆発期です。時間的や空間的に物事を見たり，考えたりすることが飛躍的にできるようになり，また社会を構成する様々な人々の立場で社会を捉えることができるようになります。

4年生の社会科で取り扱う学習内容は，都道府県にかかわることです。図1のような学習を進めていきます。

問題解決力、社会参画、県民愛

学習内容		
理解	特色、相互の関連、意味	選択・判断
都道府県の地理的環境の特色	自分たちの県の地理的環境の特色	
地域の人々の健康と生活環境を支える働き（法、きまり）	事業が果たす役割	自分たちにできること
自然災害から地域の安全を守るための諸活動	人々の安全を守る活動の働き	自分たちにできること
地域の伝統と文化や地域の発展に尽くした先人の働き	人々の願いや努力、先人の働き	

学習方法	
調査活動	見学、観察、聞取り活動
資料	地図帳、地域の平面地図・立体地図、写真、実物
表現	文章、説明、話し合い、白地図、年表

図1　4年生の社会科学習

社会科授業における四つの場の構成

社会科の授業を進めていくうえで，単純に教科書の記述をなぞり，重要だと先生が感じている語句や文章を黒板にまとめるだけの授業では，4年生の社会科として学ぶべき内容の深化や資質・能力の育成は望むべくもありません。何よりもそうした授業は，子どもたちが社会科の学習をつまらなく感じ，「社会科嫌い」になってしまいます。

社会科の学習では，子どもたちが自ら調べ，自ら考え，協働的に学習を深めていく授業のなかで，知識の獲得と資質・能力の育成をどちらも実現させていくことが大切です。子どもたちが主体的，協働的に社会科を楽しく学ぶことができるようにするための授業づくりの工夫をしていきます。そのために，社会科の授業のなかに，次の四つの場を構成します。

❶ 問題設定の場の構成

主に授業の導入時に，子どもたちと社会との出会いのなかで，問題を解決したいという学習者自らの問いが生まれるように資料提示の工夫をします。

問題設定
「何だろう？」
「どのようになっているのかな？」
「なぜそうなっているのかな？
「それはいいことなの？　よくないことなの？」
「どうすればいいのだろう？」

資料提示の工夫			
ICT の活用 （マスキング）	対立する資料	既得の知識を ゆさぶる資料	未来を 予測させる資料

❷ 自力活動の場の構成

発問・指示をした後に「わかった人は手を挙げてください」などと，わかったことや考えたことについて間髪入れずに発言を求めてしまうと，必ず何も答えられない子どもが生まれてしまいます。まず，子ども一人一人の学習活動を保障したうえで発表するようにします。具体的には，学習者全員が，調べたことや考えた自分の意見をノートなどに書いてまとめる活動の場，つまり，自力活動の場を構成します。

- 調査活動→調べたことをノートやカード，白地図，年表などにまとめる
- 「書いて考える」「書いて判断する」→自分の考えや判断について，根拠を示して書く

この自力活動の場で子どもたちが学習活動をしているときに，教師は机間指導を行い，指導と評価の一体化を実現します。赤ペンを持ち，適切な調査活動やすばらしい意見を書いている子どもの記述に対して，花丸をつけて評価します。また，机間指導のなかで，別の見方・考え方や他の資料を示し，さらに意見が深まるように促したり，調査活動がより進むよう促したりして，学習が深まるように指導します。

書く内容や書き方に困っている子どもに対しては，机間指導のなかで，何を，どのように書いて，まとめたらよいか支援し，学習のつまずきを解消するようにします。

❸ 交流活動の場の構成

自力活動の場を構成した後は，指導と評価の一体化の実現により，自分の意見やわかったことなどについて学級全員がノートに書くことができている，つまり，発表の材料をもつことが

できていますから，あとはそれを一人一人が発表し，情報を共有し合います。個別最適な学びのなかで，一人一人の意見は，同じように思える意見でも，必ず少しずつ言い方や視点が違っていますから，全員が発表することで量的にも質的にも深い学びとなります。

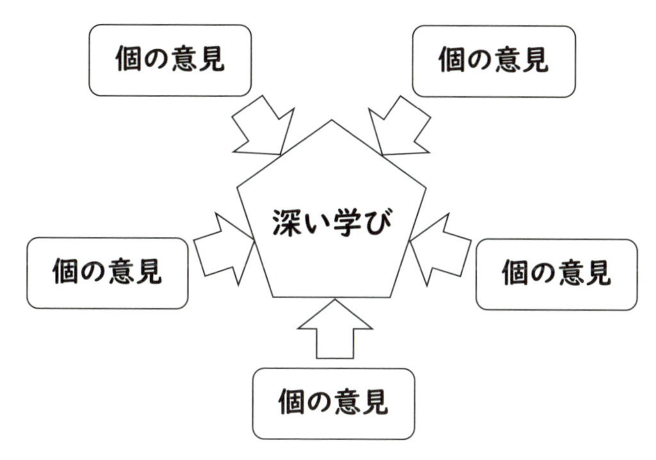

図２　交流活動－三人寄れば文殊の知恵－

❹ 評価活動の場の構成

授業の終末に，その日の学習をふり返り，学習したことを根拠として，社会問題に対する自分の立場を表明します。その際，友達の意見に対して賛成・反対の立場を明確化し，自己の意見と相対化することで学習がより深まります。

〈例　評価活動の場：「風水害から人々を守る活動」のふり返り〉

- Ａさんの意見に賛成で，風水害が起きたときに困らないよう，非常時のためにローリングストックで食料備蓄しておいたほうがよい。
- Ｂさんの意見に反対で，風水害が起きたときは，家に待機したままではなく，防災情報を自分たちで調べて，早めに避難所へ避難をしたほうがよい。

【参考文献】
- 馬野範雄・井上伸一「社会的読解力を育成する社会科授業の構想」『社会系教科教育学研究20』社会系教科教育学会

算数

学習の要所と指導スキル

小林　秀訓

学習内容例

月	学習内容例
4月	・数の表し方や仕組みを調べよう ・変わり方がわかりやすいグラフを調べよう
5月	・（2桁）÷（1桁）の計算の仕方を考えよう ・1桁でわるわり算の筆算の仕方を考えよう
6月	・角の大きさのはかり方や描き方を考えよう ・四角形の性質を調べて仲間分けしよう
7月	・2桁でわるわり算の筆算の仕方を考えよう ・およその数の表し方や計算の仕方を考えよう
9月	・表のまとめ方を考えよう ・小数の表し方や仕組みを調べよう
10月	・計算のきまりを使って式を読み取ろう ・整数の計算の仕組みをまとめよう
11月	・広さの表し方や求め方を調べよう ・小数をふくむ計算の仕方を考えよう
12月	・小数の筆算の仕方を考えよう ・そろばんを用いて，数の表し方や計算の仕方を考えよう
1月	・分数の大きさや計算の仕方を考えよう ・箱の形の特徴や作り方を調べよう
2月	・二つの量の変わり方や関係を調べよう ・工夫したグラフを読み取ろう
3月	・4年の復習をしよう ・4年の学習をふり返ろう

4年生から領域が変わる！抽象的な世界が増えるが，大丈夫！

3年生までは，A「数と計算」B「図形」C「測定」D「データの活用」という四つの領域でしたが，4年生からはA「数と計算」B「図形」C「変化と関係」D「データの活用」というようにC領域が変わります。

「令和6年度版　みんなと学ぶ　小学校算数　1～6年　早わかり系統表　学年編」（学校図書）では，領域の一貫した学習内容を意識して学習が進められるように教科書の内容を以下のように整理しています。

A「数と計算」	1　単位の学習 2　比較の学習 3　数える学習
B「図形」	1　異同弁別の学習 2　作図の学習
C「変化と関係」	1　関係を捉える学習 2　関係を表現する学習
D「データの活用」	1　事象を整理する学習 2　特徴を捉える学習

小学4年生の算数は，これまでの算数と違い，小数や分数などの学習が増えてくるように，より抽象的な学習がどんどん増えていきます。抽象的な学習によってつまずいてしまい，算数嫌いの子が生まれてしまいます。

しかし，抽象的な学習が増えていくとはいえ，上記の表にも示しているように一貫した学習内容です。つまり，1～3年生の学習がもとになるということです。

例えば，0.3×4の計算の仕方についての学習です。

0.3は0.1が3つです。

だから0.3×4というのは　0.1が3×4，3×4＝12だから

0.1が12，つまり1.2になる

というように考えることできます。

これは**「3×4＝12」という2年生の九九の単元**で学習した考え方や3年生で学習した0.1のいくつ分という単位の考えをもとに考えています。

$\frac{2}{9}$×4といったような分数のかけ算でも同じことが言えます。

$\frac{2}{9}$は$\frac{1}{9}$が二つ

だから$\frac{2}{9}\times 4$というのは，$\frac{1}{9}$が2×4

$\frac{1}{9}$が八つ　つまり$\frac{8}{9}$となります。

算数はこれまでの学習を使い，新たな価値を生み出していく教科です。

「これまでに学習してきたことをどのように活用していけばよいのか」ということを意識することが求められます。

統合的・発展的に考えていくようにしよう

これまでに学習してきたことに共通性を見い出すことは，統合的に考えることと言えます。また，統合的に考えたことを条件や範囲が広がった問題で活用していくことを，発展的に考えることと言えます。

子どもたちは統合・発展的に考えていくことでどんどん学びが深まっていきます。

例えば，３年生までの図形領域では目に見えるものの形の名称や辺の長さなどについて考えたことを使い，４年生では，辺と辺の関係や辺と面の関係などの二つのものの関係を扱っていきます。データの活用領域では，３年生で学習した１次元の数値を組み合わせて２次元表を作ります。

そのために，以下の表のような活動を授業の序盤・中盤・終盤で位置付けていくことが大切になってきます。

場面	活動場面	考え方
序盤	前時との学習との共通点，相違点を考える	統合
	わかっていること，既習と同じように考える	類推
中盤	きまりを見い出す	帰納的
	既習をもとに説明する	演繹的
	筋道を立てて考え，表現する	演繹的
終盤	まとめて言えないか，似ていることはないか，共通するところはないかを考える	統合
	条件を変えたらどうなるのかを考える	発展
	いつでも，どんな問題でも言えるようにできないかを考える	一般化

算数の本質に気づかせるための発問

低学年の授業では，

「これまではいくつ？」「どんな大きさ？」「どんな形？」「何番目？」

といったように限定した答えを聞く発問が多くありました。中学年の授業では，

「なぜ？」「どのようなきまりかな？」「どうしてそう考えようと思ったの？」

といったWHYやHOWの発問を使用し，ここまでに書いてきた一貫した学習内容について子どもたちから引き出すことがポイントになってきます。

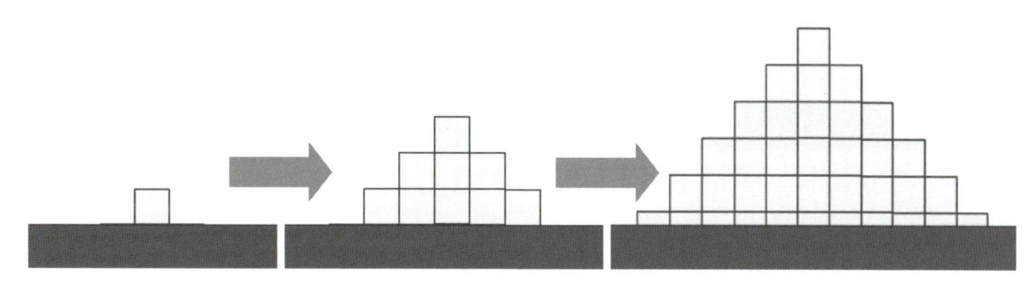

例えば，上の三つの絵を連続的に提示します。動的に提示することで，変わるものと変わらないものに気づくことができるでしょう。そのうえで，子どもたちはともなって変わる2量を見い出し，規則性について，表や式や図や言葉などを用いて，説明することができます。その規則性についてだけでなく，「なぜその規則性とわかるのか」といったように問い返したり，「10段になったときはどうなるのか」と問い返したりすることで，その規則性の理由や規則性を使って考えていくという理由を表現させることができます。

WHYの発問には注意点があります。WHYの発問を多くしすぎると，子どもたちはしらけてしまいます。何度も「なぜ？　どうして？」と質問をされては，大人でもしんどくなります。だから，WHYの質問は，授業のなかで「一番理解させたいところ，気づかせたいところ」で使うことが有効です。

WHYには，**①目的をたずねる　②根拠をたずねる**という２種類があります。この２種類を使い分けることで

- **この考え方をもとに～**
- **～というきまりがある。**

という考え方を引き出すことができます。

【引用文献・引用サイト】

- 久保田健祐編著『ゼロから学べる小学校算数科授業づくり』明治図書
- 学校図書「令和６年度版　みんなと学ぶ　小学校算数　１～６年　早わかり系統表　学年編」
https://gakuto.co.jp/docs/download/pdf/r6_sansu_predigree_chart_year.pdf（令和７年１月10日確認）

理科

学習の要所と指導スキル

仲井　勝巳

学習内容例

月	学習内容例
4月	・季節と生物～一年間，観察する植物を決めよう～ ・天気と気温
5月	・季節と生物～春～ ・天気と気温　・電流のはたらき
6月	・季節と生物～春から夏～ ・とじこめた空気や水
7月	・季節と生物～夏～ ・星の明るさや色～夏の星座～
9月	・夏休みの自由研究を発表しよう ・季節と生物～夏のおわり～
10月	・季節と生物～秋～ ・雨水のゆくえ　・月と星の位置の変化
11月	・季節と生物～秋～ ・私たちの体と運動
12月	・季節と生物～秋→冬～ ・ものの温度と体積～金属球・水・空気～　・冬の星
1月	・季節と生物～冬～
2月	・もののあたたまり方～金属・水・空気～ ・季節と生物～これまでのまとめ～
3月	・すがたを変える水～水の三態変化～ ・季節と生物～春のおとずれ～

※学習内容の順番は，教科書によって異なります。

理科の見方・考え方，「関連づけ」て，学びを深めよう

小学４年生の理科では，子どもたちが「関連づけ」という視点をもって学ぶことで理解が深まっていきます。例えば，４年生の水に関係する学習内容では，「水をあたためるとどうなりますか？　冷やすとどうなりますか？」と子どもたちに発問してみると，子どもたちは，どのように予想するでしょうか。おそらく，水と温度を関連させて，あたためると温度は高くなり，冷やすと温度は低くなるだろうと予想を立てるでしょう。そして，水と温度を関連づけて，実際に実験をして，確かめていくのです。観察や実験をするときにも子どもが「関連づけ」て，理科の見方・考え方を使い，主体的に学習に向かうことで内容の理解が深まっていきます。

また，理科の見方・考え方を使い，わかったことを班やクラスの友達に伝え合うことは，対話的な学びを生み出し，新たな知見を得る機会となるとともに，学習意欲も高めてくれます。水に関連する内容だけでなく，他の内容でも「関連づけ」の視点をもって，物事を考えてみることで理解の深まりがより一層期待できるでしょう。

主に実験が多いＡ分野の内容は，必ず予備実験を

小学４年生のＡ分野の学習内容（指導要領の内容）は，「電流の働き」「空気と水の性質」「金属，水，空気と温度」です。

「電流の働き」では，乾電池を直列や並列でつないだりして，電流が流れる向きや豆電球が光る強さを調べたりしていきます。簡易検流計や回路図なども扱っていきます。

「空気と水の性質」では，「とじこめた空気や水」に圧力をかけて調べていきます。空気と水を，それぞれとじこめると体積はどのようになるのか？　違いはあるのか？　圧力との関連は？　と考えることになります。

「金属，水，空気と温度」では，温度と体積の変化を調べたり，あたたまり方の違いに気づいたり，水をあたためると水蒸気（液体→気体）になったり，水を冷やすと氷（液体→個体）になったりしていくことを学んでいきます。

特に夏休み明けの２学期頃から，理科室で実験を多くすることになりますので，必ず予備実験を行いましょう。Ａ分野の内容は，実験が大変多いです。教師が事前に予備実験をすることで，何が必要で，何が危ないのかをあらかじめ確認し，より安全に授業を構築することができるでしょう。

〈実践例「火を扱う実験」〉

まずはマッチ棒や点火棒を一人必ず使用できるように指導してから，アルコールランプや実験用ガスコンロ（炎が単焦点タイプ）を使用していきましょう。初めてアルコールランプを使うだけでも，一時間の授業をすることになります。

もし時間割の配当で，二時間続きの授業があれば，アルコールランプあるいは実験用ガスコンロを使って，ベッコウアメ作りをするのもおもしろいです。ベッコウアメは，アルミホイルにスティックタイプの砂糖（2～4ｇ）と少量の水（2mLくらい）を入れて加熱するとできます。また，ベッコウアメを作るときに，アルコールランプか実験用ガスコンロのどちらかを班で相談させて片方か，両方か決めて行うのも自主的に考える機会になります。加熱して，きつね色になり，ベッコウアメができてきたら，教師が軍手で，濡れ雑巾の上に運ぶなど，安全面の配慮は必要です。子どもたちができること，できないことを把握しておきましょう。子どもたちは，ベッコウアメ作りをすると，砂糖水も水の三態変化と同様に沸騰して蒸発（水分が気体になる）していく様子を確認することになります。既習事項を深める学びとなり，さらに，高学年の水溶液の学習にもつながっていきます。

「アルコールランプでベッコウアメを作ろう！」の実験の様子

※写真は，アルコールランプの扱い方です。アルコールランプの下に木を置くと，机を熱で痛めることが少なくなります。ベッコウアメを作る時は，三脚がとても熱くなって，触ると火傷をするので注意して下さい。どれほど熱くなっているのかわからないので，子どもたちには，加熱を止めてもしばらくは触れないように指導してください。

主に観察が多いB分野の内容は，一年間の見通しをもって

小学4年生のB分野の学習内容（指導要領の内容）は，「季節と生物」と「人の体のつくりと運動」「雨水の行方と地面の様子」「天気の様子」「月と星」です。どの単元も観察することが多いです。時期が限られるものも多く，一年間の見通しをもっておくことが必要です。

例えば，「季節と生物」では，校内にある樹木（サクラの木など）を一つ決めて，一年間じっくり観察します。また，「人の体のつくりと運動」では，骨と筋肉の働きについて学びます。腕の筋肉のどこが使われているのかを実際に動きながら気づくことができるように，体育でマ

ット運動や鉄棒を学習する時期を合わせるのもよいでしょう。

また，校外学習で科学館に行きプラネタリウムを見るなど，学校行事と組み合わせることでも考えられます。学年の先生と相談して，見通しをもって一年間の計画を立てましょう。

Ｂ分野でも水に関連する内容が含まれています。「雨水の行方と地面の様子」では，地面の傾きによる水の流れや土の粒の大きさと水のしみ込み方を学んだり，「天気の様子」では，一日の気温の変化について百葉箱を使って調べたり，水の自然蒸発と結露を学んだりします。

小学４年の学びは，水との関連がたくさんあります。実は，社会科の学習で，上下水道の施設見学をすることもありますので，教科横断的な学びもあります。「月と星」では，授業中に観察することはできないので，映像教材を使用することもあります。子どもたちが夜に観察することもありますので，その場合は，保護者に協力してもらい，安全に観察できるように指導しましょう。

実践例「植物の観察」

下の写真は，春にサクラの木を観察し，観察カードにまとめたものです。小学３年生のときにも観察して慣れていますが，今後，このサクラの木が夏や秋になるとどうなるのか，気温が高くなったり低くなったり，気温と関連づけて学んでいくことになります。普段から身近に自然を感じることができるようになれば，まさしく，理科の目標で，自然に親しむことにつながっていきます。

外に出てサクラの木を観察

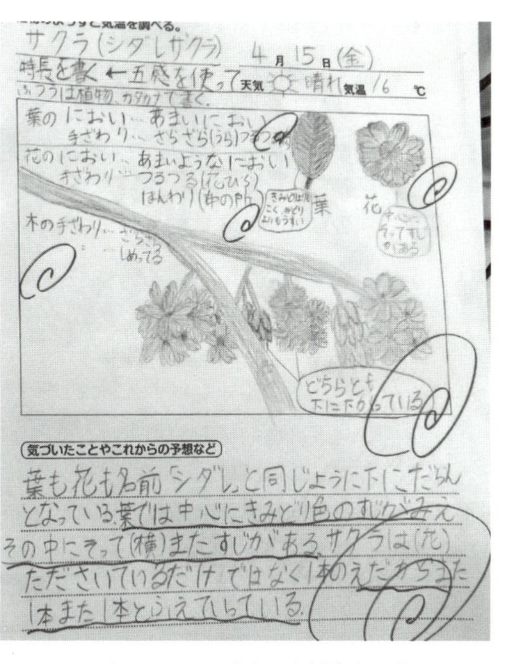

サクラについてまとめた観察カード

音楽

学習の要所と指導スキル

土師　尚美

学習内容例

月	学習内容例
4月	・歌詞の意味を知って校歌を歌おう ・３年生にリコーダーを教えよう～きれいな音色を意識して～
5月	・歌詞の様子を思い浮かべながら「まきばの朝」を歌おう ・旋律を感じてリコーダーで演奏したり歌ったりしよう
6月	・旋律の特徴を生かして「とんび」を歌おう ・世界のいろいろなリズムや歌を聴こう
7月	・反復や変化を使ってリズムアンサンブルをつくろう ・曲の感じに合う声で歌おう
9月	・地域に伝わる音楽を調べたり，聴いたりしよう ・４年○組のおはやしをつくろう
10月	・音楽会に向けて①（旋律が重なり合うおもしろさを感じて合唱したり，パートの役割を生かして合奏しよう）
11月	・音楽会に向けて②（旋律が重なり合うおもしろさを感じて合唱したり，パートの役割を生かして合奏しよう） ・声の重なりを感じながら「もみじ」を歌おう
12月	・音楽会の３年生演奏を聴いて，感じたことを手紙で書こう （例）音楽会当日の映像を使って，リコーダーを教えた３年生のがんばりを鑑賞する
1月	・響きを味わいながら演奏しよう ・音楽が表している様子を想像して聴こう
2月	・登場人物の心情を考えて歌おう～国語科で学んだことを生かして～ （例）音楽物語「ごんぎつね」
3月	・日本の音階のよさを感じながら「さくらさくら」を歌ったり，演奏したりしよう ・ありがとう４年○組！～歌で思いを表現しよう～

身につけたい力

中学年では，表したい音楽表現を実現するために必要な技能を身につけることが目標です。そのために4年生では，「こうなりたいからこんな方法はどうだろう」「こんな方法もあるのか」と試行錯誤する経験を積み重ねていきたいものです。二つのことに気をつけながら授業を考えていきましょう。

❶ 交流の場を多く取り入れる

一人で考えるには限界があります。友達と交流したり，他の班の中間発表を聴いたりする機会を設けましょう。今まで考えもしなかったアイデアが生まれたり，新たな方法を見つけたり，新たな技能が身についたりします。教師が伝えればすぐに済んでしまうこともありますが，「子どもたち自身で」ということが大切です。技能を効率よく身につけることばかりに目を向けるのではなく，音楽の授業を通して自分で問題を見つけ，それらを解決する力をつけていくにはどうしたらよいかを考えていきましょう。

❷ 本物に触れる

太鼓や筝などの和楽器や，チェロやバイオリンなどの弦楽器。鑑賞や音楽づくり，器楽の授業等で，本物の楽器に触れる機会をつくってみましょう。お腹に響く感じや，音を出すこと自体が思ったより難しいことなど，映像や写真で見ているだけではわからない発見がたくさんあります。興味をもつことはやる気へとつながっていきます。

学校に楽器がない場合は，同僚の先生に聞いてみたり，他の学校に聞いて借りてみてはどうでしょう。教師も様々なことに興味をもちチャレンジしてみましょう。

【歌唱】ハモるって楽しい！

4年生になれば，ソプラノとアルトのパートに分かれて歌う曲も出てきます。「ハモるって楽しい！」と感じられるようにしていきましょう。まずは主旋律をみんなで覚えてから副旋律の練習をしていきます。パートの決め方は好きな方を自分で選んだり，座っている席で決めたりします。最初はパートごとに場所を離れると安心して歌えます。右のようにそれぞれのパートの音が離れている方が簡

音が離れていると簡単

音が近いと難しい

単で，音が近づくにつれ難しくなります。子どもたちの実態に応じて選曲するといいですね。録音して聴いてみると「ここを練習したい」「もう少しこうしてみたらどう」と子どもたちが課題を見つけ練習に取り組むことができます。

【器楽】和楽器で演奏しよう

子どもたちを取り巻く生活環境はこれまでより大きく変わっています。これからは，学校で取り上げなければ出会うことのない教材や経験することのない活動も取り上げる必要があります。

和太鼓や箏もその一例です。音は聴いたことがあっても，実際に演奏することが初めての子どももいます。ぜひ学校で取り上げてみましょう。

一人一台の楽器がなくても，工夫次第ではクラス全員で楽しむことができます。例えば長胴太鼓の演奏であれば，最初，全員で口唱歌でリズムを覚えます。次に列に並んで順番に演奏していきます。演奏をしている後ろで待つときはバチが当たらないように気をつけましょう。待っている間も口唱歌を唱えたり，合いの手（「ソーレ」「ヨイショ」など）を入れると盛り上がります。教師が地打ちを締め太鼓で打って雰囲気をつくりましょう。

このような経験をすることで，地域に伝わる音楽に興味や親しみをもつ子どもも出てくることでしょう。

【音楽づくり】見通しをもって取り組める工夫を

音楽づくりをするときに大切なことは，一人一人が見通しをもつことです。それは山登りに似ています。ゴールはどこなのか，どのような手段があるのかを伝えることで，みんなが同じ方向を向いてスタートできるのです。「4年祭りのときに演奏するよ」「題名を考えてピッタリとあうリズムを考えよう」「使える楽器は前に置いてあるから自由に持っていってね」「今回は，反復を使ってみようね」と，子どもたちがワクワクするような導入を考えます。ゴールに向かってどの道を通っていくかはグループによって違うでしょう。中間発表会を入れて他のグループからのアイデアも参考にしてもいいですね。できあがった作品をタブレットに残しておくことで，これから音楽づくりをするときの引き出しが増えることでしょう。

音楽づくりで大切なことは，素晴らしい作品をつくることではありません。試行錯誤しながら創っていく過程を大切にする必要があります。音楽を創っていく過程が楽しい授業を意識していきましょう。

【鑑賞】お気に入りをプラスして

1年生からの積み重ねで，鑑賞曲について知覚・感受したことを言語で表すことにも慣れてきた4年生。この曲のなかで自分のお気に入りのところはどこかも書けるようにしていきましょう。自分にとってこの曲の価値はどこにあるのかを書くのです。例えばこの曲をまだ知らない人に紹介する形で文章にします。参観日に合わせて教室に飾って，保護者の方に向けて書いてもいいですね。「こんな理由でここがおすすめです！」「ぜひ聴いてください」など子どもたちは工夫して紹介文を書くことでしょう。また，音楽会で演奏する曲を鑑賞曲として用いる場合は，保護者への「音楽会の案内状を作ろう」とし，実際に案内状を渡すのもいいでしょう。「ここを聴いてね」「リコーダーはここに注目して！」など自分たちが練習しているからこそ感じる曲のよさも見えてくるかもしれません。

【参考文献】
- 総合初等教育研究所編『小学校新学習指導要領改訂の要点』文溪堂

図画工作

学習の要所と指導スキル

松井　典夫

学習内容例

月	学習内容例
4月	・ネクストステージへ！ ～高学年への第一歩　技能を高めて表現の幅を広げよう～
5月	・砂で描いた絵 ～砂や土の色を活用して，砂で絵を描こう～
6月	・墨から生まれる不思議な絵 ～水と墨を活用して，不思議な絵を描こう～
7月	・カラフル版画 ～ベニヤ板の様々な形を利用して，彫って重ねてカラフル版画を作ろう～
9月	・色画用紙で幾何学模様 ～たくさん余っている色画用紙の切れ端で，幾何学模様を作ろう～
10月	・天井までダンボール ～ダンボールを積み重ね，天井まで届け！～
11月	・ビー玉でゲーム機作り ～大好きなゲーム，自分で作っちゃおう～
12月	・変幻自在のミラーワールド ～アルミ板を鏡のように使って，作品を作ろう～
1月	・木で作る人形 ～木が生きているように生まれ変わる～
2月	・写真でアート ～写真で作る世界は現実世界ではない不思議世界～
3月	・卒業式に向けて，体育館を飾ろう ～舞台や壁をデザインしよう～

身につけたい力

小学校４年生は，学年的には高学年の入り口と言えるでしょう。元気いっぱいだった３年生から成長し，自我を見つめ，内面を見つめはじめます。授業などで映画鑑賞をしたときには，感動して涙を流す姿が見られるなど，３年生までには見られなかった姿が見られるようになります。そこで４年生では，自己を見つめ，自己を表現する力をつける視点が大切となってきます。では，「自己」とはなんであり，その「自己」はどうすれば見つけることができるのでしょう。それは「他者」の存在だということは，歴史のなかで学術的に明らかにされてきたところです。このことは，図画工作の学習にも適用される概念です。

自己表現とは「自分らしさ」を発見し，それを「自分らしく」表現することだと言えます。「自分らしさ」とは，はじめから個々に備わっているものではなく，発見されるものです。例えば，「絵が上手い」という表現があります。この表現が使われる図画工作の授業では，子どもたちが「自分らしさ」を発見することはできないでしょう。あるいは，製作キットなどの簡易で便利なプログラムもあります。このような授業からは，子どもが「自分らしさ」を発見することができません。一つ一つの題材に対して，多角的な視点で見つめ，多様な方法でチャレンジし，行ったり来たりしながら発見していくものこそが「自分らしさ」なのです。

しかし，その一方でこの方法が「なんでもあり」という授業を生み出してしまう懸念もあります。教師が必要以上に干渉せず，多様な方法でチャレンジさせることは，学びの本質を見えにくくしてしまいます。教師はあくまでもゴールを見据え，「評価」しながら子どもを泳がせなければなりません。そのなかで，子どもたちは「自分らしさ」を発見していくのです。

技能と鑑賞の融合へ

「自分らしさ」を発見し，「自分らしく」表現するには「他者」の存在が必要です。このことを言い換えると，学習指導要領で示されるところの「主体的」で「対話的」な学びとなります。「主体的」とはまさに「自分らしく」学ぶことであり，その追求であると言えます。しかし，人間とは，ましてや子どもは自己中心性が強く作用するものです。自分が考え，自分で作り出そうとするものが自分らしさだと，狭い考えに陥りがちです。最初にイメージした形や絵は，自身が納得すればそれでいいのだという考え方です。そこで，図画工作の授業では鑑賞活動が大きな効果を生み出します。鑑賞活動は，まさしく「対話的」な学びです。

例えば5月の「砂で描いた絵」を取り上げて考えてみましょう。第1時では，砂や土などの材料と触れ合い，その特性を掴み，材料に興味関心をもつ導入でスタートします。次に，その魅力的な材料を使って，「どんなことを表現したいか」を考えます。自身の内面に問いかけ，「主体」を見つめる時間です。そこでイメージしたものを，アイデアスケッチとして記録しておきます。この心象風景（イメージ）は，子どもたちが達成すべき目標となるのです。

いよいよ，砂や土でそのイメージを具現化しようと活動します。ところが，砂や土では，絵の具と同じようにはいきません。そこで鑑賞活動を取り入れます。自身のイメージは他者に伝わるのか，伝わっていなければ，どのような方向性で進んだり，修正したらいいのか，他者の意見を聞きながら自身のイメージを再構築します。このとき，これまでの方法（技能）を変え，新たに使い方を考えるなど，自身のイメージを達成するための工夫が生まれます。このようにして，技能が創造性をもち，発展し，表現の幅が広がり，表現方法が深まっていくのです。

鑑賞活動は，「主体的」な学びに「対話的」な要素を生み出し，学びを深めていくのです。

図画工作が「嫌い」な子どもを理解する

ある題材に取り組んでいるとき，4年生のある女子児童がこう言いました。

「私，図工が嫌い」

「どうして？」と問いかけると，その子どもはこう言いました。

「結局，上手い作品がいい作品なんでしょ。私はうまく絵が描けないし，工作も変なものしか作れないから」

これは，図画工作という教科に立ちはだかっている最大の課題だと言えるでしょう。絵が上手いことが高く評価されるのであれば，図画工作という教科を子どもたちが学ぶ価値はないと言えます。走ることが速ければ体育の評価は高くなるのか，ということと同じです。

なぜ子どもたちがこのような考えに立ってしまうかというと，それは教師の考え方，姿勢がそのように見えているからなのです。学期末になり，図画工作の評価をつけるとき，放課後の誰もいなくなった図工室に子どもたちの作品をずらりと並べ，順番に見ながらA，B，C，と評価するとしましょう。そのような姿を子どもが見ているわけではありません。しかし，子どもたちは見なくてもわかっているのです。そのような作品主義で評価する授業者は，子どもたちが作品を作りながら，絵を描きながら，どのような願いをもち，何を目指し，今，どのようなことに困っているのか見ようとしていないのです。その日常の授業から，作品主義を察知しているのです。

「図工が嫌い」といった子どもの声は，「もっと私の姿を見てほしい」という心の声なのかもしれません。

しかし，「図工が好き」といってもそのことに安心もできません。ある業者のアンケートでは，「好きな教科」の上位にはいつも図画工作がランクインしています。しかし，「頑張りたい教科」では図画工作はいつも下位にいます。これは何を意味しているのでしょうか。多くの子どもたちにとって図画工作は，「好きだけどがんばらなくていい教科」なのです。しかしこれは間違った概念です。図画工作は，算数や国語と同じ教科学習であり，がんばる価値のある教科でなければなりません。では，どうすれば子どもたちは「がんばる」のでしょう。

授業に「壁」を作り，問題解決力を育む

2019年以降のコロナ禍時代を経て現在，VUCA の時代と言われます。不確実性に満ち，混沌として先行きの見えない時代です。その時代を生きていく子どもたちには，柔軟で強くたくましい，レジリエンスが必要です。そのような力は，いったい誰が，どうやって育むのでしょう。それは，学校教育が担う大きな役割なのです。そこで，授業で「壁」を作る工夫をしましょう。例えば12月の「変幻自在のミラーワールド」を例に挙げて考えてみましょう。材料はアルミ板です。加工が容易で可塑性も高く，子どもにとっては取り組みがいのある材料です。しかし，この題材の壁は題材名にあります。この題材では，必ずアルミ板の「ものを映す」という特性を活用しなければなりません。ロボットのようなものを作ろうとしていた子どもは，ロボットに鏡の要素をどう取り入れようかと悩みます。また，接合にボンドを多用すると，面が汚れ，鏡の機能を失います。指導者は，このミラーの要素に妥協させてはならないのです。そこを乗り越え，解決に向かう姿が，子どもたちの「生きる力」を育むのです。このような授業を心掛けていると，子どもたちは図画工作の時間，全身と全力を使って挑みかかり，「がんばる」のです。

【参考文献】
- 文部科学省「小学校学習指導要領（平成29年告示）第７節　図画工作」

体育

学習の要所と指導スキル

西岡　毅

学習内容例

月	学習内容例
4月	・みんなで動きをそろえよう（体つくり運動　体ほぐし） ・自分のひざカッケー技をレベルアップさせよう（器械運動　鉄棒）
5月	・動きの謎を解こう①（体つくり運動　多様な動き） ・１，２，３でつなごう（ゲーム　ネット型）
6月	・調子よく走って渡そう（走・跳の運動　リレー） ・体の成長と変化を知ろう（保健）
7月	・かえる泳ぎのコツを見つけよう（水泳運動）
9月	・動きの謎を解こう②（体つくり運動　多様な動き） ・みんなで探検に出かけよう（表現運動　表現）
10月	・みんなとマットの技にチャレンジしよう（器械運動　マット） ・リズムよくレインボーハードルを走りぬけよう（走・跳の運動　小型ハードル走）
11月	・ねらって打って，ねらってアウト（ゲーム　ベースボール型） ・体の成長と変化を知ろう（保健）
12月	・ダイナミックにバーを跳び越えよう（走・跳の運動　高跳び） ・引っ張るコツを見つけよう（体つくり運動　多様な動き）
1月	・どこに動いて得点する？（ゲーム　ゴール型） ・くるっと台上前転しよう（器械運動　跳び箱）
2月	・仲間と一緒にトラベラーをしよう（体つくり運動　多様な動き）
3月	・リズムダンスの基本を楽しもう（表現運動　リズム）

身につけたい力

小学４年生は，３年生からさらに運動能力が発展し，より高度な運動技能を習得できる時期です。また，社会的なスキルや自己管理能力も向上し，より自主的に行動できるようになります。４年生の体育科では，以下の力を身につけられる授業を行いましょう。

❶ 運動技能の習得

- より複雑な運動や技術を習得し，自分の動きをコントロールする能力を高める
- 運動のバリエーションを増やし，応用力を身につける

例①　自分でバランスをとる

❷ 自主性，自律性の育成

- 自分で運動計画を立て，目標を設定して達成する力を育てる
- 自分の体調や体力を理解し，適切に運動を調整する能力を養う

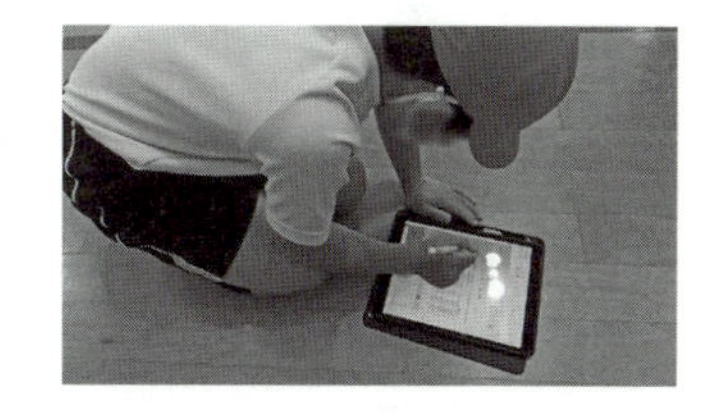

例②　自分で計画を立てる

❸ 仲間との協力と競争心のバランス

- 競争のなかで仲間と助け合うことの重要性を学ぶ
- 勝敗を経験し，適切な態度でそれを受け入れることを学ぶ

例③　仲間と協力する

❹ 健康管理の基本知識

- 健康的な生活習慣や運動の重要性についての基本知識を理解する
- 運動と健康の関連性を学び，自らの健康管理に役立てる

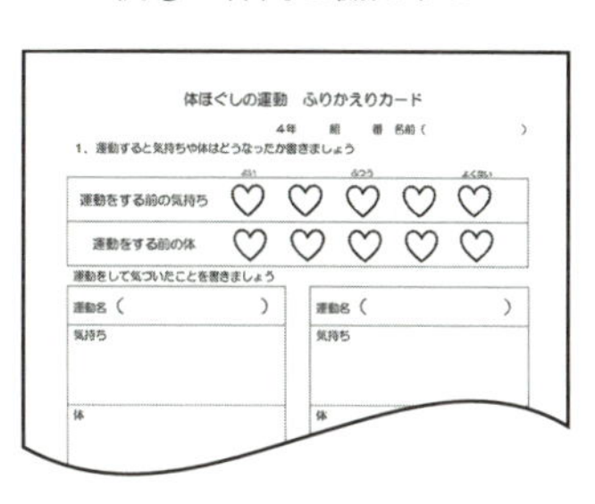

体ほぐしの運動　ふりかえりカード

４年　組　番 名前（　　　　）

１、運動すると気持ちや体はどうなったか書きましょう

	よい		ふつう		よくない
運動をする前の気持ち	♡	♡	♡	♡	♡
運動をする前の体	♡	♡	♡	♡	♡

運動をして気づいたことを書きましょう

運動名（　　　）	運動名（　　　）
気持ち	気持ち
体	体

例④　ワークシートを利用する

多様な運動に触れさせる

小学４年生は，様々な運動に触れることで，興味関心を広げることができます。体育には「体つくり運動」「器械運動」「走・跳の運動」「水泳運動」「ゲーム」「表現運動」「保健」の七つの領域があります。体育には教科書がなく，特定の月にどの領域を行うべきかは決まっていませんが，年間を通じてすべての領域を計画的に学習する必要があります。例えば，体つくり運動領域では様々な運動方法があり，学習指導要領解説には例が示されていますが，子どもたちの実態に合わせて教師が運動をカスタマイズすることが重要です。さらに，単に運動するだけでなく，スポーツのルールや戦略を学ぶことで思考力や判断力を養い，チー

ムスポーツでは協調性やリーダーシップを，個人スポーツでは目標達成のための努力の大切さを学ぶことができます。

運動の楽しさを伝える

小学４年生は，運動の楽しさを知り，体を動かす意欲が高まる時期です。しかし，運動が苦手な子どももいるかもしれません。そうした子どもたちにも，友達との協力や成功体験を通じて運動の楽しさを感じさせ，生涯にわたる運動習慣を育むことが重要です。まず，子どもそれぞれの得意な運動を見つける機会を提供し，自信をもたせることで，運動への意欲を高めます。また，グループ活動を通じて協力して課題を達成し，仲間意識を育むことも大切です。友達と一緒に運動することで，達成感や楽しさを共有し，モチベーションを高め合うことができます。さらに，多様な運動を取り入れることで，自分の得意分野や好きな運動を発見し，運動への興味を広げることができます。

自主性，自律性を育む

小学４年生の体育の授業では，子どもたちの自主性と自律性を育むことが重要です。この年齢になると，自分の意見を積極的に述べたり，自ら行動したりする能力が発達してきます。そこで，体育の授業においても，これらの能力をさらに伸ばす指導が求められます。

まず，課題設定を通じて主体的な学習を促すことが効果的です。例えば，陸上運動のリレーの学習で「スムーズなバトンパスを実現するにはどのような練習が必要か」といった課題をグループで設定し，子どもたち自身で解決策や学習計画を考えさせます。これにより，主体性が育まれるだけでなく，チームでの協力やリーダーシップも自然に学ぶことができます。

さらに，意見交換の場を設けることも重要です。自分の考えを発表できる環境を整えるとともに，他者の意見を尊重する姿勢を育てることで，自主性が一層伸びます。意見が異なる場合でも，互いに尊重し合いながら話し合い，よりよい解決策を見つけることができるよう指導することで，コミュニケーション能力や問題解決能力が高まります。

これらの取り組みを通じて，子どもたちは自ら考え，行動する力を身につけ，体育の授業を通して自主性と自律性が一層育まれていきます。

個々の差異への対応

小学４年生では運動能力や興味関心に大きな個人差が見られる時期です。全員が同じように運動できるわけではないため，個々の差異に配慮した指導が重要です。子どもたちには，運動能力，興味関心，体力，自信など，様々な違いがあります。これらの違いを無視して過度な競争を促したり，一律に指導したりすると，一部の子どもが自信や意欲を失う可能性があります。

このため，まず運動中の様子や表情，言葉を注意深く観察し，一人一人の特徴を把握することが必要です。そのうえで，全員が同じ目標をもつのではなく，各自のレベルや目標に応じた達成可能な目標を設定します。また，補助器具や道具を活用することで，安全に運動に取り組みながら成功体験を積むことができ，さらに，励ましの言葉や具体的なアドバイスを行うことも効果的です。評価においては，技術だけでなく，意欲，協調性，努力といった側面も評価することで，子どもたちの多様な成長を捉えることができます。

 ICT の活用

小学４年生では，論理的思考や課題解決能力が育ち始める時期です。ICT の活用はこれらの能力の向上に非常に効果的です。例えば，グループでタブレット端末を使い，自分たちの動きを撮影して再確認することで，体つくり運動や器械運動，陸上運動などにおける体の使い方をより理解しやすくなります。自分の動きを動画で見返すことで，課題を明確にし，改善点を見つけやすくなります。また，グループで互いの動画を見合うことで，よりよい動き方を考える機会も増えます。さらに，オンラインアンケートツールを用いて学習のふり返りを行うことで，授業評価や次回の授業の改善点を短時間で把握できるようになります。ICT はあくまでサポートツールであり，最も重要なのは子どもたちの心身の成長を促すことです。ICT を効果的に活用し，子どもたちの可能性を最大限に引き出す指導を目指しましょう。

〈ICT 活用例〉

グループで動きの確認をする

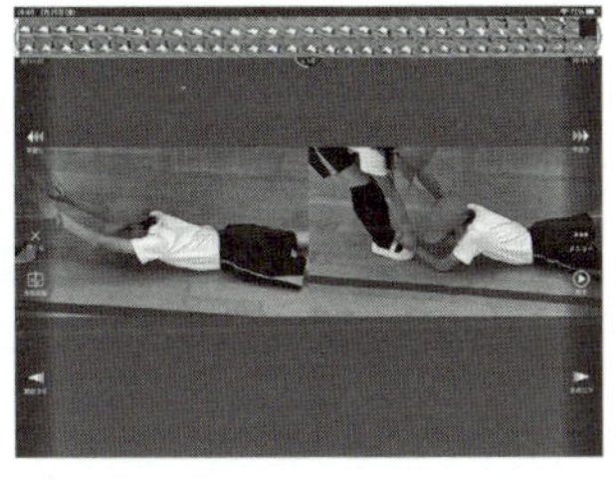

二つの動画を比較する

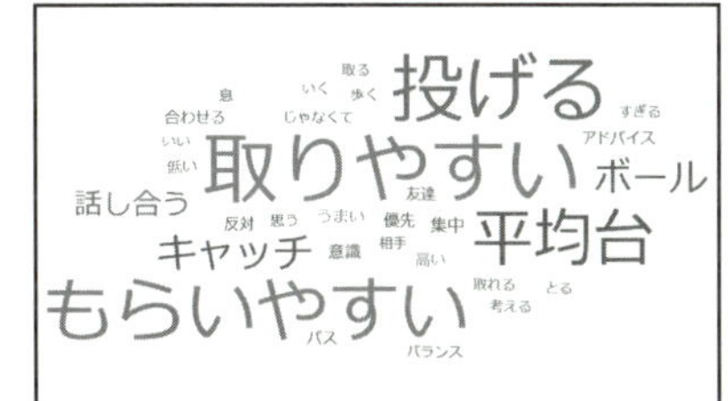

テキストマイニングでふり返る

【参考文献】
● 関西体育授業研究会著『学習カードでよくわかる　365日の全授業　小学校体育４年』明治図書

特別の教科　道徳

学習の要所と指導スキル

桴井　大輔

学習内容例

月	学習内容例
4月	・オリエンテーション（道徳と国語の違いとは？） ・規則の尊重（ルールを守るのは何のため？）
5月	・正直，誠実（「ごめんなさい」の意味を考えよう） ・生命の尊さ（命を大切にすると「いただきます」）
6月	・相互理解，寛容（クラスをよりよくするために自分ができること） ・公正，公平，社会正義（「悪い人」は誰が決めるの？）
7月	・国際理解，国際親善（世界の７月をのぞいてみよう） ・自然愛護（1000年以上生きている杉）
9月	・善悪の判断，自律，自由と責任（正しいと思うことができないとき） ・勤労，公共の精神（今だから私だからできる仕事）
10月	・節度，節制（こんなときはどうする？　ルールと例外） ・家族愛，家庭生活の充実（家族にどんな姿を見せますか？）
11月	・友情，信頼（本当の友達とは？） ・よりよい学校生活，集団生活の充実（クラスの壁を乗り越えるためには？）
12月	・親切，思いやり（「思い」をやるとは何をやる？） ・感動，畏敬の念（町の偉人から学ぶ）
1月	・希望と勇気，努力と強い意志（これから10年の私の目標） ・伝統と文化の尊重，国や郷土を愛する態度（日本各地のお正月）
2月	・礼儀（高学年らしい言葉遣い，行動とは？）
3月	・感謝（お世話になった人に感謝しよう）

※学習内容例はその月で押さえるべき「内容項目」になります。

身につけたい力

道徳に似た言葉として倫理があります。倫理が原理的な意味内容であるのに対して，道徳は実践的な内容を示しています。倫理は道徳の理論で，道徳は倫理の実践と考えるとわかりやすいかもしれません。

高学年に近づく４年生は，この実践的な部分が弱くなりはじめます。「ギャングエイジ」と言われる時期です。善悪はわかっているけれど，それより友人関係を優先させるからです。

道徳教育は，道徳科を要として学校教育全体を通して行います。ですから，道徳科の内容項目を，前頁のように各月の重点目標とします。そうすることで道徳科と学校生活を関連させながら，友人関係を超えた道徳的判断力を身につけさせていきます。

先手を打つ＝脱説教

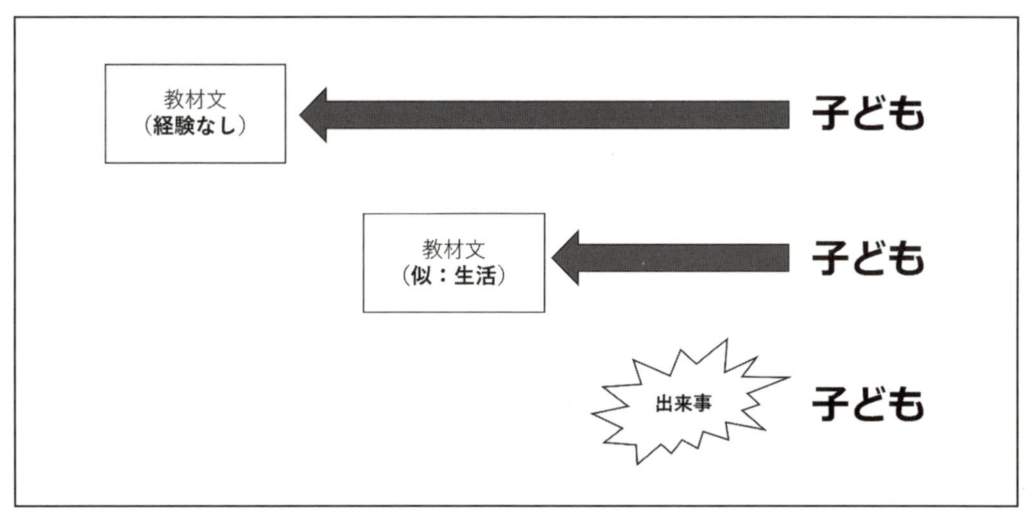

図１　子どもと教材の距離

学校生活において，様々な出来事が起こり，それを生きた教材にすることができます。ただし，ここで気をつけなければならないことがあります。クラスで起きた出来事は，図１のように子どもにとっては一番身近な教材と言えます。ですから，一番考えやすく，自分事として普段の学校生活に返せます。しかし，身近がゆえに，学習内容を「説教」として子どもに受け取られがちになります。「説教」はギャングエイジの子どもたちにとって遠い言葉になりますから，せっかく身近な教材にもかかわらず，学びとしては深まりません。

では，どうするのか。それは，事前に出来事を想定し，教材文を使って道徳的価値を学んでおきます。例えば，学校生活において６月と11月は問題の起こりやすい「魔の６月・11月」と言われます。問題が起こることが想定できるわけですから，６月に「相互理解，寛容」「公正，公平，社会正義」の内容項目の教材文を，11月に「友情，信頼」「よりよい学校生活，集団生活の充実」の教材文を扱います。また，このような問題が起こる前兆は，５月，10月に表れているはずですから，５月に「Ａ　正直，誠実」「生命の尊さ」を，10月に「節度，節制」「家族愛，家庭生活の充実」を扱います。もちろん，問題ばかりに目を向けるのではなく，学校行事やイベントに合わせることもできます。

このように事前に道徳の授業で内容項目について考える機会をもつことは，実際に何か問題が起こったときにつながります。教師から子どもたちに伝える言葉が，単なる「説教」ではなく「心に響く言葉」として届くでしょう。

「ふりこ」でゆさぶる

４年生の教材文は図１の真ん中にあたる，子どもたちの生活場面と似た内容の話が多い傾向にあります。上にあたる歴史的な話や抽象的な話では，子どもたちが話の背景を理解できないからです。ただし，生活場面に似ているからこそ，子どもたちが「わかっているつもり」になることにつながります。だからこそ，授業を計画するうえで工夫が必要になります。

その工夫の一つが「ふりこ」で授業を考える方法です。道徳の授業とは，授業前（before）と授業後（after）でそれまでの価値観が深まると考えることができます。図２で言えば，左側にあるbeforeの球を，さらに上のafterの位置まで上げるイメージです。しかし，「わかっているつもり」の子どもたちをafterの状態にもっていくのは難しいです。なぜなら，子どもたちが「わかったつもり」になっているので，学ぶことの新しさやおもしろさを感じにくいからです。そのため，深めたい価値について授業を進めれば進めるほど，「わかっているのに……」と重い授業となってしまいます。

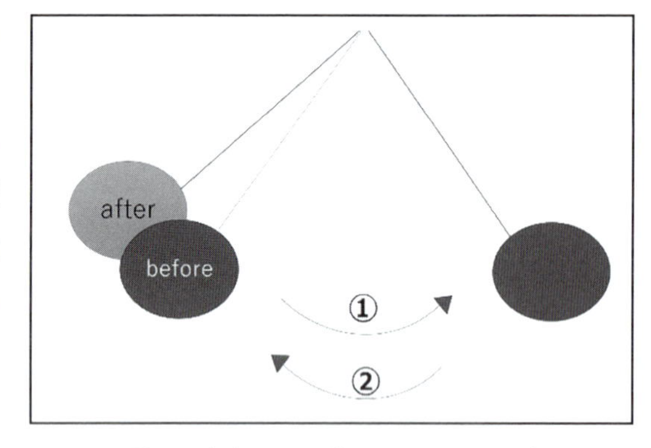

図２　ゆさぶりの「ふりこ」イメージ

では，重い授業とならないためにどうするのか。図２で言えば①の方向にふりこをふるように，直接深めたい価値に向かうのではなく，深めたい価値と反対の価値に着目させます。ふりこをふることで，後で深めたい価値に向かうときに反動をつけるイメージになります。

例えば，内容項目「Ｄ　生命の尊さ」で「いじめ」について学習するとします。いじめが許されないことは誰もが知っています。ですから，「いじめは決して許されない」と授業を進めても，「わかっているつもり」の子どもたちの価値を深めることにはつながりません。

そこで，図３のような図を示し，「正義の味方が，悪を攻撃しています。これはいじめですか？」と発問します。子どもはどう答えると思いますか？　多くの子どもは「いじめではない」と答えます。その理由を聞くと「悪は他の人に迷惑をかけるから」のような，悪だから攻撃されてもしょうがないというような意見が出てきます。それらの意見を「なるほど，攻撃される側が悪の場合にはいじめにはならないんだね」のようにまとめます。ここまでが図２の①にあたります。

ここまでの内容だといじめを肯定する内容ですから，ここから図２の②の活動がスタートします。「ところで，攻撃されている人が『悪』だと決めるのは誰ですか」→「『悪』を決めるのが『正』の人たちだと，自分たちで理由をつけて『悪』にすることができませんか」のように授業を進めながら，いじめの構造を明らかにしていきます。このように，善悪がいじめの理由にならないことを子どもたちの意見をもとに導きます。

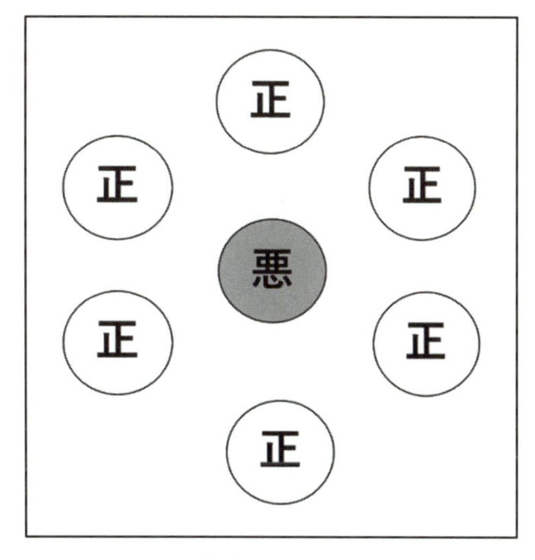

図３　正義が悪を攻撃するのは？

図２の①の場面で，子どもたちの本音を引き出しているからこそ，②の場面になったときに子どもたちが多面的・多角的に考え，価値について深めることにつながります。

教材の図と地

道徳の授業を「ふりこ」で展開するためには，教材分析が不可欠です。その際，意識するといいのは教材文の「図」と「地」になります。図４は有名なルビンの壺ですが，壺に見える方が「図」，顔に見える方が「地」となります。これを教材分析に応用すると次のようになります。内容項目をもとに教材文を読んだときに，子どもが着目すると考えられることが「図」になります。それに対して，子どもたちでは気づけなかったり見過ごしたりすると考えられることが「地」となります。教材の「地」が図２のふりこの①につながりますから，「ここは気づかないだろうなぁ」と子どもたちのことを思い浮かべながら教材文を分析していきます。

図４　ルビンの壺

外国語活動

学習の要所と指導スキル

中嶋　来未

学習内容例

月	学習内容例
4月	・Hello, world ! ・世界のいろいろな言葉で挨拶をしよう
5月	・Let's play cards. ・好きな遊びを伝えよう
6月	・I like Mondays. ・好きな曜日は何かな
7月	・What time is it? ・今，何時？
9月	・Do you have a pen? ・おすすめの道具箱をつくろう
10月	・文房具などを持っているかどうか尋ねたり答えたりしよう ・相手に進めたい道具箱を考えて紹介しよう
11月	・alphabet ・アルファベットで文字遊びをしよう
12月	・What do you want? ・ほしい物は何かな
1月	・This is my favorite place ・お気に入りの場所を紹介しよう
2・3月	・This is my day. ・僕・私の一日

身につけたい力

学習指導要領において示された外国語活動の目標は，「外国語によるコミュニケーションにおける見方・考え方を働かせ，外国語による**聞くこと，話すことの言語活動**を通して，**コミュニケーションを図る素地となる資質・能力**を……育成すること」です。具体的には，以下の三つが挙げられています。①外国語を用いた体験的な活動を通じて，言語や文化について体験的に理解を深め，日本語と外国語の音声や語順等の違い等に気付いた上で，外国語の音声や基本的な表現に慣れ親しませるようにする。②外国語を通じて，身近で簡単なことについて，聞いたり話したりして自分の考えや気持ちなどを伝え合う力の素地を養う。③外国語を通じて，言語やその背景にある文化の多様性を尊重し，相手に配慮しながら外国語を用いてコミュニケーションを図ろうとする態度を養う。

４年生は，３年生で学んだことを高学年につなげる重要な時期です。

板書には，めあてと流れを可視化しよう

〈ポイント〉

❶ 毎時間必ずめあてを書く

めあては，理解しやすいように日本語で書きます。最後にふり返りをするときに，子どもたち自身がめあてが達成されたかどうか確認しやすくなります。

❷ 授業の流れを簡単に書く

活動が終わったら，その数字を黄色のチョークで花丸をし，流れを可視化してわかりやすくします。

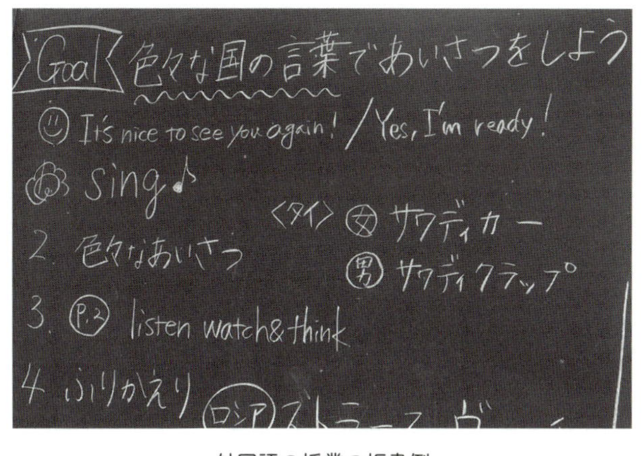

外国語の授業の板書例

授業で大切にしたい五つのこと

①「smile」　②「big voice」　③「eye contact」　④「listen」　⑤「ジェスチャー」

すかさず褒める

外国語の授業では，恥ずかしさから声が小さい子がいます。そのため，全員で練習→ペア→全体というように，ペア活動の前に必ず全員で練習して確認します。そして，ペア活動のときによい所を見つけてみんなに聞こえるようにどんどん褒めていきます。褒められると自信につながり，自然と声が大きくなっていきます。

英語で Let's じゃんけん！「ラッキー7」ゲーム

“Plus, Plus, three. two, one!” と言いながら，手で０～５のどれかを出します。足して７になったら成功！　ハイタッチをします。３分で何人と「ラッキーセブン」が成功するのか競います。慣れてくると引き算（大きい数から小さい数を引く）やかけ算に変えます。掛け声は，「Plus」の部分を，引き算は「Minus」に，かけ算は「Times」となります。

ICT をどんどん活用

〈ロイロノートでの活用例〉

❶ 録音の宿題

授業で習った単語やフレーズ，やりとりを録音して提出します。授業で使ったワークシートの画像の上に録音します。

評価するときにも役立ちます

❷ ふり返りタイム

意識したことや次の授業でがんばりたいことなどを書きます。前の授業のカードに連結させていき，単元毎に提出箱を分けます。

最後に英語の歌を歌ってみよう

授業の最後に歌う曲は，二週間毎，１か月毎等と，子どもたちが飽きないように変えていきます。１番だけを流します。完璧に歌えることを目指すのではなく，**１フレーズだけでもOK！**　声に出して，**楽しい雰囲気で歌う**ことを目指します。YouTube で「ネイティブ英語発音ツール Nipponglish」と調べると沢山出てきます。

〈おすすめの英語の歌〉

簡単（1学期～2学期前半におすすめ）	レベルアップ（2学期後半～3学期）
「Country Roads」 「A Whole New World」 「This Is Me」 「Let it go」 「Top Of The World」 「The lazy Song」 「Sugar」 「Just The Way You Are」 「I Want It That Way」	「Fight Song」 「We Will Rock You」 「We Are The World」 「Shake It Off」 「See You Again」 「Memories」 「Wasted Nights」 「Don't Look Back In Anger」 「Bad Day」

〈進め方〉

一回目は，曲と一緒に教師も歌います。二回目は，「歌える所だけでいいので，一緒に歌ってみましょう！　隣の子よりも大きく歌えるかな」などと，歌いやすい雰囲気をつくってから，ゆっくりめ（0.75倍）のスピードでスタート。歌い出した子たちに「Wow」「Very good」などと褒めながら続けます。また，ロイロノートで曲を送ったり，朝や帰る準備のときにも流したりすると，すぐに口ずさんで歌うようになります。想像以上に習得が早く，子どもの吸収力の早さに驚きます。**歌をきっかけ**に英語が好きになったり，**自信**がついたり，よいことが本当にたくさんあります。ぜひ，クラスや授業で歌を活用してみて下さい。

便利グッズ

	①マイク２本 お手本でやり取りをするときや，インタビューをするときなど，よく使います。（ワイヤレスマイク）		③ピンポンブー 子どもたちに大人気。前で発表したくなる子も。 楽しい雰囲気になります。 （アマゾン）
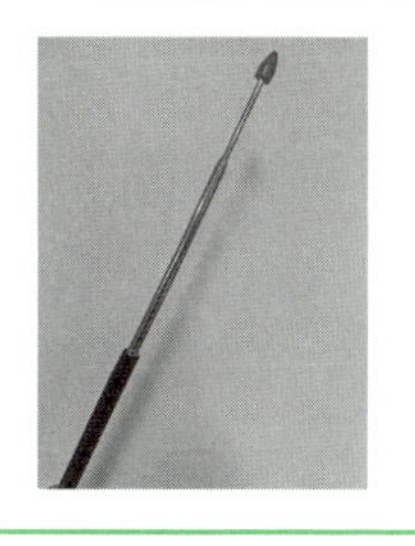	②指示棒 新しい曲を歌うときに使ったり，フラッシュカードを使った単語の学習に役立ったりします。（コクヨ指示棒サシー２黒）		④カチンコ 子どもがお手本をするときなどに使います。「3,2,1　action!」のかけ声とともに子どもが使います。 （アマゾン）

【参考文献】
- 文部科学省「小学校外国語活動・外国語研修ガイドブック」

【執筆者紹介】　＊執筆順

多賀　一郎　教育アドバイザー
垣内　幸太　大阪府箕面市立箕面小学校
樋口万太郎　中部大学
樋口　綾香　大阪府池田市立神田小学校
田中　博司　東京都公立小学校
布川　　碧　大阪府豊中市立大池小学校
井上　伸一　大阪府大阪市立鶴見南小学校
小林　秀訓　大阪教育大学附属天王寺小学校
仲井　勝巳　京都女子大学
土師　尚美　大阪府池田市立秦野小学校
松井　典夫　奈良学園大学
西岡　　毅　大阪府大阪市立西天満小学校
栫井　大輔　大谷大学
中嶋　来未　ジャカルタ日本人学校チカラン校
若松　俊介　京都教育大学附属桃山小学校
日野　英之　箕面市教育委員会
金田　明莉　大阪府大阪市立まつば小学校
津田二千翔　大阪府大阪市立西三国小学校
宮本真希子　大阪府大阪市立本田小学校

【編者紹介】

垣内　幸太（かきうち　こうた）

箕面市立箕面小学校長

1974年　兵庫県生まれ，大阪教育大学教育学部卒業

2009年　関西体育授業研究会設立

2015年　授業力＆学級づくり研究会設立

大阪教育大学附属池田小学校，箕面市立とどろみの森学園を経て現職

〈著書〉

『学級力が一気に高まる！絶対成功の体育授業マネジメント』（明治図書）

『笑顔で全員参加の授業！ただただおもしろい指名の方法48手』

『笑顔で一気に活性化！ただただおもしろい音読の方法48手』（明治図書）

『「あそび＋学び＋安全」で，楽しく深く学べる体育アクティビティ200』（フォーラムA）

『教壇に立つ30代のあなたに伝えたいこと』（東洋館出版）

『たのしく上達！音読クエスト１～３』（汐文社）

他

【著者紹介】

チーム・ロケットスタート

学級開き・授業開きや学級づくり・授業づくりに悩むすべての先生を救うため，その道のスペシャリストが集結し，それぞれの英知を伝承すべく組織されたプロジェクトチーム。

〔協力〕多賀一郎

ロケットスタートシリーズ

小学４年の学級づくり＆授業づくり　12か月の仕事術

2025年３月初版第１刷刊　©編　者　垣　内　幸　太

著　者　チーム・ロケットスタート

発行者　藤　原　光　政

発行所　明治図書出版株式会社

http://www.meijitosho.co.jp

（企画）木村　悠（校正）染谷和佳古

〒114-0023　東京都北区滝野川7-46-1

振替00160-5-151318　電話03(5907)6703

ご注文窓口　電話03(5907)6668

＊検印省略　組版所　長野印刷商工株式会社

Printed in Japan　ISBN978-4-18-500436-7